青年人必备的成功资本

QINGNIANREN BIBEIDE CHENGGONGZIBEN

张建英 / 编译

海潮出版社
Hai Chao Press

图书在版编目(CIP)数据

青年人必备的成功资本/张建英编译. —北京:海潮出版社,2002(2010.10 重印)

ISBN 978-7-80151-612-1

Ⅰ.①青…　Ⅱ.①张…　Ⅲ.①成功心理学—青年读物　Ⅳ.①B848.4-49

中国版本图书馆 CIP 数据核字(2002)第 069416 号

书　　名: 青年人必备的成功资本

编　　译: 张建英

责任编辑: 崔树森

封面设计: 侯泰设计

责任校对: 徐云霞

出版发行: 海潮出版社

社　　址: 北京市西三环中路 19 号

邮政编码: 100841

电　　话: (010)66969738(发行) 66969747(编辑) 66969746(邮购)

经　　销: 全国新华书店

印刷装订: 北京佳顺印务有限公司

开　　本: 787mm×1092mm　1/16

印　　张: 15

字　　数: 220 千字

版　　次: 2002 年 9 月第 1 版

印　　次: 2010 年 10 月第 2 次印刷

ISBN　978-7-80151-612-1

定　　价: 29.80 元

前　言

青年人渴望成功，因为他们总是对自己的未来表现出强烈的求胜欲望。这一点，可贺可喜！

的确，青年人像“早晨八、九点钟的太阳”，他们为自己的每一天而兴奋、而奋发；他们心中都为自己的“成功目标和计划”而浑身充满活力。难怪，美国哈佛大学著名行为学家皮鲁克斯认为“青年成功学的全部精华就在于他们拥力活力的资本。”

这句话说得精彩，说得漂亮。在此，我们想进一步分析青年人必备的成功资本应该有哪些？

成功的目标和计划毕竟属于概念，成功的标志则是把它们落实到一系列成功的资本中，才能行之有效。不难发现，青年人的成功是个非常难的话题，因为他们处于人生的转折期，因为经验和能力的不足，所以常常面临各种大的挑战，有精心努力而成功者，有遭遇挫折而失败者。对于青年人而言，如何确保实现成功的目标和计划呢？我们认为就应当从“成功资本”入手，去在实际行动中发现、积累、操作这成功的资本，让它们变为成功的基石。

根据广泛调查，我们在本书中开创了青年人必备的13种成功资本，大体如下：

一、成功公式 = 正确思考 + 个人能力

二、强化三大因素：素质、个性、形象

三、“三点一面结构”：激励 + 目标 + 计划

四、抓住一次“机遇”术

五、训练抵抗挫折的本领

六、学做利用时间的能手

七、敢于竞争，善于合作

八、找到致富的途径

九、不搞绝交，搞社会

十、办事讲章法，讲技巧

十一、掌握推销自己的要诀

十二、成为一个出色的口才专家

十三、分享生活的“蛋糕”

这样看来，青年人的成功资本是非常具有实效性的。的确，在这个知本时代，非常需要个人资本任何一名青年都能在追求人生目标和计划时，切实灵活掌握和操作这些成功资本，打开和拓宽人生成功局面。祝你们心想事成！

本书虽题为“青年人必备的成功资本”，但广而有效，因为成功之道是相通的。希望大家都能从中有所收获，有所进步，将是我们的最大收益和高兴。

目　录

一　成功公式＝正确思考＋个人能力

一种思考能够改变一个人的命运；一种能力能够拯救一个人的一生。最佳的成功公式是把思考与能力有效地组合一体，才能真正培养成功的资本。

二　强化三大因素：素质、个性、形象

素质、个性、形象是一个人成功必不可少的三大因素，而且现代成功学越来越重视这三大因素的合力作用。如果谁忽略了这一点，一定无法让自己的成功升级。因此，我们一定要善于把这三大因素转化为成功的有力资本。

三 “三点一面结构”：激励+目标+计划

凡是成功皆出于一个人优秀自我的设计，主要包括激励原则、目标构成和计划方案。离开这三点，任何人都会陷入被动局面。现在给你提出的课题是：从这“三点”中挖掘出成功的资本。

四 抓住一次“机遇”术

机遇是成功者必须依靠的外部条件，但它又掌握在成功者的手中。抓住机遇，能让你迅速获得成功的一大资本。

五 训练抵抗挫折的本领

一个人能够不被挫折压垮，就证明他是强者。成功之路不会平坦，一定是坎坷曲折，这就需要你训练抵抗挫折的本领，从中发现打败困难的能力资本和智慧资本。

六 学做利用时间的能手

时间是财富资本。利用时间的能手，都是千方百计把这个财富资本变成成功的元素。

七 敢于竞争，善于合作

竞争与合作是成功者打开人生局面的两种手段。你要想赢得胜局，必须要明白自己的竞争资本和合作资本有哪些？并可不可具有可操作性？

八　找到致富的途径

财富是现代人衡量成功的标志之一。你应当学会经营自己，找到致富的资本，因为任何致富都不能空想而来。

九　不搞绝交，搞社交

社交资本的力量是巨大的，这是人人皆知的，但不是人人皆会用的。对于一名成功者而言，不搞绝交、搞社交是最聪明的选择。

十　办事讲章法，讲技巧

讲章法、讲技巧是培养办事资本的基本功。一个章法混乱、技巧笨拙的人肯定与成功绝缘。

十一　掌握推销自己的要诀

推销自己是成功的一种最实际的标志。许多人总想依靠别人来成功地推销自己，实际上，推销自己的主人就是你本人，你应当发现推销成功的资本。

十二　成为一个出色的口才专家

口才的力量是无穷的。成功者应当成为一个出色的口才专家，去展现自己口才的魅力。离开口才的力量，你一定会发现缺少一种独特的成功资本——口才资本。

十三 分享生活的“蛋糕”

享受生活需要你良好的心态，但享受不是贪逸，而是新的进取的开始。请你在疲惫时，调整心态，去分享生活的资本，为下一次成功重新运筹帷幄。

一
成功公式=正确思考+个人能力

一种思考能够改变一个人的命运；一种能力能够拯救一个人的一生。最佳的成功公式是把思考与能力有效地组合一体，才能真正培养成功的资本。

01 不让问题成为人生盲点

·成功的有效忠告·

善于取舍，最能体现一个人思考的能力。正确思考往往蕴含于取舍之间，因为不这样做，就那样做，是由一个人的思考力决定的。

一个不善于思考难题的人，会遇到许多取舍不定的问题；相反，正确的思考之所以能发生巨大作用，可以决定一个人应该采取什么样的行动。

懒惰平庸的人往往不是不动手脚，而是不动脑筋，这种习惯制约了他们摆脱困境的时机。相反，那些成大事者都养成了勤于思考的习惯，善于发现问题、解决问题，不让问题成为人生难题。可以讲，任何一个有意义的构想和计划都是出自于思考，而且思考得越痛苦，收益就会越大。古希腊的佛里几亚国王葛第士以非常奇妙的方法，在战车的轭上打了一串结。他预言：谁能打开这个结，就可以征服亚洲。一直到公元前334年，还没有一个人能够成大事地将绳结打开。这时，亚历山大率军入侵小亚细亚，他来到葛第士绳结之前，不加考虑，便拔剑砍断了绳结。后来，他果然一举占领了比希腊大50倍的波斯帝国。

一个孩子在山里割草，被毒蛇咬伤了脚。孩子疼痛难忍，而医院在远处的小镇上。孩子毫不犹豫地用镰刀割断受伤的脚趾，然后，忍着巨痛艰难地走到医院。虽然缺少了一个脚趾，但孩子以短暂的疼痛保住了自己的生命。

一位朋友到一家餐馆应征做钟点工。老板问：在人群密集的餐厅里，如果你发现手上的托盘不稳，即将跌落，该怎么办？许多应征者都答非所问。朋友答道：如果四周都是客人，我就要尽全力把托盘倒向自己。最后，朋友成大事了。

亚力山大果断地剑砍绳结，说明他舍弃了传统的思维方式；小孩子果断地舍弃脚趾，以短痛换取了生命；服务员果断地把即将倾倒的托盘投向自己，才保证了顾客的利益。在某个特定的时刻，你只有敢于舍弃，才有机会获取更长远的利益。即使遭受难以避免的挫折，你也要选择最佳的失败方式。

善于取舍，最能体现一个人思考的能力。正确思考往往蕴含于取舍之间，因为不这样做，就那样做，是由一个人的思考力决定的。不少人看似素质很高，但他们因为难以舍弃眼前的蝇头小利，而忽视了更长远的目标。成大事者有时仅仅在于抓住了一两次被别人忽视了的机遇，而机遇的获取，关键在于你是否能够在人生道路上进行果敢的取舍。

所有计划、目标和成就，都是思考的产物。你的思考能力，是你惟一能完全控制的东西，你可以以智慧，或是以愚蠢的方式运用你的思想，但无论如何运用它，它都会显现出一定的力量。

没有正确的思考，是不会克服习惯的，如果你不学习正确的思考，是绝对防止不了挫败的。

（1）归纳法

这是从部分导向全部，从特定事例导向一般事例，以及从个人导向宇宙的推理过程，它是以经验和实证作为基础，并从基础中得出结论。

（2）演绎法

以一般性的逻辑假设为基础，得出特定结论的推理过程。

这两种推理方法之间有很大的不同，但二者可以一起运用。

例如每当你用石头丢窗户的时候，只要石头不变，则窗户一定会被打破。反复几次用石头扔窗户之后，你可归纳出一个结论，亦即玻璃是易碎的，而石头不会碎。

从这个结论出发，你可进行演绎推理，将了解其他不易碎的东西（例如棒球）也会打破玻璃，而石头也会打破其他易碎的东西。

但我们很可能一不小心就做出错误的推理，进而导出错误的结论。你必须严格地要求推理的正确性，也就是严格地要求自己要进行正确思考，必须审查你的推理结果，并找出其中的错误。除了审查你自己的思考过程之外，你还可以运用这两种推理方式，审查别人的思考结果是否正确。

人性中普遍存在着两个相反的特质，这两个特质都是正确的思考的绊脚石。

第一个缺点是：轻信（不凭证据或只凭很少的证据就相信）是许多人的一大劣势。正确思考者的脑子里永远有一个问号，你必须质疑企图影响正确思考的每一个人和每一件事，看清别人的优势，挑战自己的劣势。

少数正确思考者一直都被当作是人类的希望，因为他们在他们所做的事情上，都扮演着先锋者的角色，充分施展了他们的优势。他们创造工业和商业，不断使科学和教育进步，并鼓舞发明和宗教。爱默生说得好：

"当上帝释放一位思想家到这个星球上时，大家就得小心了，因为所有事物将濒临危险，就像在一座大城市里发生火灾一样，没有人知道哪里才是安全的地方，也没有人知道火什么时候才会熄灭。科学的神话将会发生变化；所有的文学名声以及所有所谓永恒的声誉，都可能会被修改或指责；人类的希望、人类的思想、民族宗教以及人类的态度和道德，都将受下一代摆布。普遍化将成为神力注入思想的新汇流口，因此悸动也跟着而来。"

在克服自身劣势的过程中，如果你是一位正确的思考者，则你就是你情绪的主人而非奴隶。你不应给予任何人控制你思想的机会，你必须拒绝错误的倾向。一般人开始时，会拒绝某一项不正确的观念，但后来因为受到家人、朋友或同事的影响而改变初衷，进而接受此一观念。

一般人往往会接受那些一再出现在脑海中的观念（无论它是好的或是坏的，是正确的或是错误的）。作为一位正确的思考者，你可以充分利用此一人性特质，使你今天所思考的到了明天仍然反复出现，并进而接受此一再出现的思想，这正是明确目标和积极心态的力量本质。

第二个缺点，就是不相信他们不了解的事物。

当莱特兄弟宣布他们发明了一种会飞的机器，并且邀请记者亲自来看时，没有人接受他们的邀请。当马可尼宣布他发明了一种不需要电线，就可传递信息的方法时，他的亲戚甚至把他送到精神病院去检查，他们还以为他失去了理智呢！

在调查清楚之前，就采取鄙视的态度，只会限制你的机会、应用的信心、热忱以及创造力。不要把质疑未经证实的事情，和认为任何新的事物，都是不可能的两种态度混为一谈。正确思考的目的，在于帮助你了解新观念或不寻常的事情，而不是阻止你去调查它们。

请学会思想——思想是一个人惟一能完全控制的东西。因为你的思想会受到周围环境的影响，所以，你必须借着有利的心理习惯，来控制这些影响因素，这种过程叫做“习惯控制”。

控制习惯的过程是不可思议的，它将你的思考力量转变成行动，但如果你没有这种习惯，或所学到的是不良习惯的话，则它可能会给你带来悲惨和失败。你的成大事须视你控制习惯的能力和品质而定。

把你的思想当成一张底片，底片会记录任何反映在它上面的事物，底片不会挑选应记录的对象，也无法控制焦距和曝光时间，而你——作为一位摄影师，有机会挑选所要记录的对象，决定影像焦距、光圈和快门。最后照片的品质，就取决于你控制这些因素的技巧。

对于你心里那一张底片而言，构图的主题就是你的明确目标。你按照你自己的抉择挑选画面，以你强烈的欲望阐明挑选好的画面，并自行决定要让你的思想做多久的曝光。

02 “我能……！而且我会……！”

·成功的有效忠告·

积极思考是当你面对任何挑战时应该具备的“我能……！而且我会……”的意识。积极思考是成大事不可或缺的要素，积极思考是成大事理论中最重要的一项原则，你可将这一原则运用到你所做的任何工作上。

积极思考是一种思维模式，它使我们在面临弱势的情形时仍能寻求最好的、最有利的结果。换句话说，在追求某种目标时，即使举步维艰，仍有所指望。事实也证明，当你往好的一面想时，你便有可能获得成大事的能力。积极思考是一种深思熟虑的过程，也是一种主观的选择。

为什么积极的思考会产生如此大的力量呢？其实，积极的思考并不具有一种神奇的魔力，可以无中生有，给失业者变出一个工作，而是一切都有迹可循，最终还得靠我们自己。当比尔心中充斥着不满、怨气和仇恨时，他怎么可能尽心尽力地去找工作？倘若他遇到朋友时，仍然怨天尤人，闪烁其辞，你想他的朋友会认为他是个适当的人选而大力向人推荐吗？所以，比尔后来的转机一点也不出人意料。他只不过是及时调整了自己的思考，改变了自己的思考和行为方式，而且实事求是地分析了事实。

因此积极思考指的是，在看待事物时，应考虑生活中既有好的一面，也有坏的一面，但强调好的方面，就会产生良好的愿望与结果。当你朝好的方面想时，好运便会来到。积极思考是一种对任何人、情况或环境所把持的正确、诚恳而且具有建设性的人生态度，同时也符合积极进取的思想、行为或反应。积极思考允许你扩展你的希望，并克服所有消极思考。它给你实现你欲望的精神力量、感情和信心。

也许有人会反驳说："事实果真如此吗？我一生中就碰到过许多困难与挫折，每当这些时候，我也读过不少积极思考的力量的书，可是仍解决不了成大事的具体问题。"也许还有人会说："是的，我也认为那一套没用。我的事业正陷入低潮，我也试过积极思考这一招，但我的生意依旧毫无起色。积极思考无法改变事实，要不然我怎么还会遇到失败呢？如果你不承认这一点，那你就像鸵鸟一样，只顾把头理在沙堆里，不肯面对现实罢了。"如果你也如此认为，如果你也对积极思考的力量持一种否定与排斥的想法，那说明一点，你并不完全真正了解积极思考力量的本质。一个积极思考的人并不会否认消极因素的存在，他只是学会不让自己沉溺于自我的弱势中。积极思考要求你在生活中的一时一事中学会积极的进取。

对一个成大事的人来说，你的思考真可谓太重要了。如果你保持积极的思考，掌握了自己的思考，并引导它为你明确的成大事的目标服务的话，你就能享受到良好的结果。

一位名叫威廉·丹佛斯的人，他是一家名为布瑞纳公司的老总。威廉·丹佛斯小时候很瘦弱，就好像许多健身广告里“练习前”的那种瘦身体型。他告诉朋友，他的志向也不远大。他对自己的感觉很差，加上瘦弱的身体，这种不安全感加深了。

但是，后来一切都改变了。他在学校里遇到一位好老师。有一天，这位老师私下把他叫到一旁说：“威廉，你的思想错了！你认为你很软弱，就真会变成这样一个人。但是，事实并非一定会这样，我敢保证你是一个坚强的孩子。”

“你是什么意思？”这个小男孩问，“你能吹牛使自己强壮吗？”

“当然可以！你站到我面前来。”

小丹佛斯站到老师的面前去。“现在，就以你的姿势为例。它说明你正想着自己弱的一面。我希望你做的是考虑自己强的一面，收腹挺胸。现在，照我所说的做，想像自己很强壮，相信自己会做得到。然后，真正去做，敢于去做，靠自己的双腿站在世上，活得像个真正的男子汉。”

小丹佛斯照着他的话去做了。我们最后一次见到他时，他已经85岁，仍然精力充沛、健康、有活力。当我们分手时，他对我们讲的最后一句话是：“记住，要站得直挺挺的，像个大丈夫！”

在心中为自己勾画出一幅清晰的蓝图十分重要，因为预定蓝图的好坏、强弱，及你自己预想成大事或失败将会变成现实。一位心理学家说：

“在人的本性中有一种倾向：我们把自己想像成什么样，就真的会成为什么样子。”

你是一个有丰富的积极思考者吗？你能凭自己丰富的想像去淋漓尽致地拓展和发挥你的由弱而强的能力吗？请你看一看想像对于人类和历史的巨大作用：

使人类的生活更有意义，把很多人从困境中解脱出来的，都应归功于一些想像者——我们都得感谢人类的想像者啊！

在人类历史中，如果把想像者的事迹删去，谁还愿意去读那些枯燥无味的历史呢？想像者是人类的先锋，是我们前进的引路人。他们毕生劳碌，不辞艰辛，弯着背，流着汗，替人类开辟出平坦的大道来。现在的一切，不过是过去各个时代想像的总和，不过是过去各个时代想像的现实化。

如果没有想像者到美洲西部去开辟领地，那么美国人至今还徘徊在大西洋的沿岸。

对世界最有贡献、最有价值的人，就是那些目光远大，且有先见之明的想像者。他们能运用智力和知识，来为人类造福，把那些目光短浅、深受束缚和陷于迷信的人解救出来。有先见之明的想像者，还能把常人看来做不到的事情，一一变为现实。有人说，想像力这东西，对于艺术家、音乐家和诗人大有用处，但在实际生活中，它的位置并没有那样的显赫。但事实告诉我们：凡是人类各界的领袖都做过想像者。不论工业界的巨头、商业的领袖，都是具有伟大的想像、并持以坚定的信心、付出努力奋斗的人。下面让我们看一些具体的事例：

成大事者所具有的种种力量中，最神奇的莫过于有想像的能力。如果我们相信明天更美好，就不必计较今天所受的痛苦。有伟大想像的成大事者，即使以铜墙铁壁，也不能挡住他前进的脚步。

一个人如果有能力从烦恼、痛苦、困难的环境，挪移到愉快、舒适、甜蜜的境地，那么这种能力，就是真正的无价之宝。如果我们在生命中失去了想像的能力，那么谁还能以坚定的信念、充分的希望、十足的勇敢，去继续为成大事奋斗呢？

美国人尤其善于想像，无论多么苦难不幸、穷困潦倒，他们都不屈从命运，始终相信好的日子就在后面。不少商店里的学徒，都幻想着自己开店铺；工厂里的女工，幻想着建一个美好的家庭；一个成大事的出身卑微的人，幻想着掌握大权。

实际上，有很多想改变自己的弱势的人，除了太多的哀声叹气以外，就没有超人一等的想像力，不能为自己规划一幅想像的图画，并在这幅图画中增添新的和过去完全不一样的色彩，找到自己真正的成大事的力。人只有具有了这些幻梦，才可能有远大的希望，才会激发他们内在的智能，增强他的努力，以求得光明的前途。

但是我们必须告诉那些试图成大事的人：仅有想像还是不够的，有了想像，同时还须有实现想像的坚强毅力和决心。如果徒有想像，而不能拿出力量来实现愿望，这也是不足取的。只有那实际的想像——想像的同时辅之以艰苦的劳作、不断的努力，那想像才有巨大的价值。

像其他能力一样，想像的能力也可以被滥用或误用。如果一个人整天除了想像以外不做别的事情，他们把全部的生命力，花费在建造他们那无法实现的空中楼阁上，那就会弊害无穷。那些想像不仅劳人心思，而且耗费了那些不切实际想像者固有的天赋与才能。

要把想像变成事实，全靠我们自己的努力。有了想像以后，只有付以不懈的努力，才可使想像实现。

“思考能够拯救一个人的命运。”这句话出自于拿破仑·希尔——美国著名的成功学大师。当你处于消极状态的时候，用思考转换感觉，调整方向，是自我慰藉的惟一方法。一个人如果能靠积极的思考征服消极心态，对他的个人成长将是大有益处的。成大事者的习惯是：宁肯在思考上费尽力气，也不能不加思考地去随意行事。

03 创造最无价

·成功的有效忠告·

创新，是经营人生者通向富有的捷径。

成大事者的可贵之处在于创造性的思维。一个成大事的人只有通过有所创造，才能体会到人生的真正价值和真正幸福。创新思维在实践中的成功，更可以使人享受到人生的最大幸福，并激励人们以更大的热情去继续从事创造性实活动，为自己的成大事者之路奠定基础，实现人生的更大价值。

引起竞争者的警觉。他的成大事有赖于他的创新精神。

“我成大事的秘诀很简单，那就是永远做一个不向现实妥协而刻意创新的叛逆者。”

这是美国实业家罗宾·维勒的话。罗宾·维勒的言行是一致的。我们能从罗宾·维勒的身上看到创新思维对一个人成大事所起的作用有多么巨大：

当全美短帮皮靴成为一种流行时尚的时候，每个从事皮靴业的商家几乎都趋之若鹜地抢着制造短皮靴供应各个百货商店，他们认为赶着大潮流走要省力得多。

罗宾当时经营着一家小规模皮鞋工场，只有十几个雇工。

他深知自己的工场规模小，要挣到大笔的钱确非易事。自己薄弱的资本、微小的规模，根本不足以和强大的同行相抗衡。而如何在市场竞争中获得主动权，争取有利地位呢？

罗宾选择了两条道路：

一是在皮鞋的用料上着眼。就是尽量提高鞋料成本，使自己工场的皮鞋在质量上胜人一筹。然而，这条道路在白热化的市场竞争中行走起来是很困难的，因为自己的产品本来就比别人少得多，成本自然就比别人高了，如果再提高成本，那么获利有减无增。显然，这条道路是行不通的。

二是着手皮鞋款式改革，以新领先。罗宾认为这个方法不失妥当，只要自己能够翻出新花样、新款式，不断变换、不断创新，招招占人之先，就可以打开一条出路，如果自己创造设计的新款式为顾客所钟爱，那么利润就会接踵而至。

经过一番深思熟虑，罗宾决定走第二条道路。

他立即召开了一个皮鞋款式改革会议，要求工场的十几个工人各竭其能地设计新款式鞋样。

为了激发工人的创新积极性，罗宾规定了一个奖励办法：凡是所设计的新款鞋样被工场采用的设计者，可立即获得1000美元的奖金；所设计的鞋样通过改良可以被采用，设计者可获500美元奖金；即使设计的鞋样不能被采用，只要其设计别出心裁，均可获100美元奖金。

同时，他即席设立了一个设计委员会，由五名熟练的造鞋工人任委员，每个委员每月额外支取100美元。

这样一来，这家袖珍皮鞋工场里，马上掀起了一阵皮鞋款式设计热潮，不到一个月，设计委员会就收到40多种设计草样，采用了其中三种款式较别致的鞋样。立即召集全体大会，给这三名设计者颁发了奖金。

罗宾的皮鞋工场就根据这3个新款式来试行生产了。

第一次出品是每种新款式各制皮鞋1000双，立即将其送往各大城市推销。

顾客见到这些款式新颖的皮鞋，立即掀起了一种购买热潮。

两星期后，罗宾的皮鞋工场收到2700多份数量庞大的订单，这使得罗宾终日忙于出入各大百货公司经理室大门，跟他们签订合约。

因为订货的公司多了，罗宾的皮鞋工场逐渐扩大起来，3年之后，他已经拥有18间规模庞大的皮鞋工场了。

不久危机又出现了，当皮鞋工场一多起来，做皮鞋的技工便显得供不应求了。最令罗宾头疼的情形是别的皮鞋工场尽可能地把工资提高，挽留自己的工人，即便罗宾出重资，也难以把其他工场的工人拉出来。缺乏工人对罗宾来说是一道致命的难关。因为他接到了不少订单，如无法给买主及时供货，而这将意味着他得赔偿巨额的违约损失。

罗宾忧心忡忡。他又召集18家皮鞋工场的工人开了一次会议。他始终相信，集思广益，可以解决一切棘手的问题。

罗宾把没有工人可雇用的难题诉诸大家，要求大家各尽其力地寻找解决途径，并且重新宣布了以前那个动脑筋有奖的办法。

会场一片沉默，与会者都陷入思考之中，搜肠刮肚地想办法。

过了一会儿，有一个小工举起右手请求发言，罗宾嘉许之后，他站起来怯生生地说：

“罗宾先生，我以为雇请不到工人无关紧要，我们可用机器来制造皮鞋。”

罗宾还来不及表示意见，就有人嘲笑那个小工：

“孩子，用什么机器来造鞋呀？你是不是可以造一种这样的机器呢？”

那小工窘得满面通红，惴惴不安地坐了下去。

罗宾却走到他身边，请他站起来，然后挽着他的手走到主席台上，朗声说道：

“诸位，这孩子没有说错，虽然他还没有造出一种造皮鞋的机器，但他这个办法却很重要，大有用处，只要我们围绕这个概念想办法，问题定会迎刃而解。”

“我们永远不能安于现状，思维不要局限于一定的桎梏中，这才是我们永远能够不断创新的动力。现在，我宣告这个孩子可获得500美元的奖金。”

经过四个多月的研究和实验，罗宾的皮鞋工场的大量工作就已被机器取而代之了。

罗宾·维勒的名字，在美国商业界，就如一盏耀眼的明灯，他自己成大事的成大事，与他时时保持锐意创新的精神是密不可分的。

创新，是经营人生者通向富有的捷径，企业家的高低优劣之分也往往因此而产生。毫无疑问，除了经商之外的人要想成为成大事的人，必须在思维上要达到这样一种程度：用新思维突破常规观念，超越自己的过去，更要超越对手的思维能力。

04 靠专长与人较量

·成功的有效忠告·

人与人之间的竞争，不是聪明与不聪明的比赛，而是不同专长的比较。如果一个人能在自己的专长上发挥86%的能力指数，那么他就已经可以第一个成功了。

在这些选择职业应注意的事项中，不管有怎样的规定，都以选择自己喜欢、擅长的事为根本。美国著名行为学家杰克·豪尔在题为“从自己的专长开始成大事”的报告中，非常明确地说明：“人与人之间的竞争，不是聪明与不聪明的比赛，而是不同专长的比较，或者说各自在专长方面显示的能力如何，成大事者是因为在专长上充分施展自己的智能优势，而成大事者是没有专长的，总是盲目的受动者。如果一个人能在自己的专长上发挥86%的能力指数，那么他就已经可以第一个成大事的成大事者了。”

如果你用心去观察那些成功的成大事者者，几乎都有一个共同的特征：不论聪明才智高低与否，也不论他们从事哪一种行业、担任何种职务，他们都在做自己最擅长的事。

据调查，有28%的人正是因为找到了自己最擅长的职业，才彻底地掌握了自己的命运，并把自己的优势发挥到淋漓尽致的程度。这些人自然都跨越了弱者的门坎，而迈进了成大事者之列；相反，有72%的人正是因为不知道自己的“对口职业”，而总是别别制扭扭地做着不擅长的事，因此，不能脱颖而出，更谈不上成大事了。实际上世界上大多数人都是平凡人，但大多数平凡人都希望自己成为不平凡的——成大事人，梦想成大事，才华获得赏识，能力获得肯定，拥有名誉、地位、财富。不过，遗憾的是，真正能做到的人，似乎总是不多。

对很多人来说，发现自己擅长做什么事，是一个比较困难的问题，因为他们宁可相信别人，也不相信自己。其实，不必看轻自己，要相信你的能力是独一无二的。社会上大多数的人，只会羡慕别人，或者摹仿别人做的事，很少有人去认清自己的专长，了解自己的能力，然后锁定目标，全力以赴，所以不能够成大事。这种人只能怪罪自己。

从很多例子可以发现，一个人的“成就”要来自他对自己擅长的工作专注和投入，无怨无悔地付出努力的代价，才能享受甘美的果实。

一位知名的经济学教授曾经引用三个经济原则做了贴切的比喻。他指出，正如一个国家选择经济发展策略一样，每个人应该选择自己最擅长的工作，做自己专长的事，才会胜任愉快。换句话说，当你在与别人相比时，不必羡慕别人，你自己的专长对你才是最有利的，这就是经济学强调的“比较利益”。这是第一。

第二个是“机会成本”原则。一旦自己做了选择之后，就得放弃其他的选择，两者之间的取舍就反映出这一工作的机会成本，于是你了解到必须全力以赴，增加对工作的认真度。

第三是“效率原则”。工作的成果不在于你工作时间有多长，而是在于成效有多少，附加值有多高，如此，自己的努力才不会白费，才能得到适当的报偿与鼓舞。

境遇是自己开创的，成功乃是自己造就的。你不必看轻自己，你要相信你的能力是独一无二的，你也许正在完成一件了不起的事，有朝一日，你或许真的可以变得“很不平凡”，而成为大家羡慕的成大事者。

一个人做自己擅长的事，脚踏实地是获致成功的另一法宝。每个人在年轻的时候都会立志，有的人想当科学家、发明家或者大文豪，个个看起来志向远大，皆为成大事者之梦。年轻人难免都会“崇拜偶像”，希望找到学习的典型，但不是每个人都能当科学家、发明家。培养一技之长，一步一步去累积自己的个人资源，才是迈向成大事的成大事者之路的要素这一。

也就是说，一个人成大事的工作方法在于：该花的心血一定要投入，该有的过程一定要经过。人生充满变数，一个人的成败与否，不单看他的资质，而是毅力。人应该要有梦想，否则就失去了奋斗的目标与方向，但成大事者的条件必须日积月累地做好准备，你可以立志做大老板，做大文学家，但绝对不要躺在那里等待。

人生是一个多项选择的过程，在各种选择中找到自己的强项，是非常有必要的。举个例子来说：

即使会引起家庭纠纷，但仍然要奉劝年轻朋友们：不要只因为你家人希望你那么做，就勉强从事某一行业，除非你喜欢。不过，你仍然要仔细考虑父母所给你的劝告。他们的年纪可以比你大一倍。他们已获得那种惟有从众多经验及过去岁月才能得到的智慧。但是，到了最后分析时，你自己必须作最后决定。将来工作时，会快乐或悲哀的是你自己。

上面已说了那么多，现在可以替你提供下述建议——其中有一些是警告——以便你选择自己擅长的工作时作参考：

第一，阅读并研究下列有关选择职业的建议。这些建议是由最权威人士提供的。由美国最成大事者的一位职业指导专家基森教授所拟定。

①如果有人告诉你，他有一套神奇的办法，可指示出你的“职业倾向”，千万不要找他。这些人“个性分析家”、“行动策略家”。他们的点子根本不灵。

②不要听信那些说他们可以给你作一番测验，然后指出你该选择哪一种职业的人。这种人根本就已违背了职业辅导员的基本原则，职业辅导员必须考虑被辅导人的健康、社会、经济等各种情况；同时他还应该提供就业机会的具体资料。

③找一位拥有丰富的职业资料藏书的职业辅导员，并在辅导期间妥为利用这些资料和书籍。

④完全的就业辅导服务通常要面谈二次以上。

⑤绝对不要接受函授就业辅导。

第二，避免选择那些原已拥挤的职业和事业。在美国，谋生的方法共有二万多种以上。想想看，二万多！但年轻人可知道这一点？除非他们雇一位占卜师的透视水晶球，否则他们是不知道的。结果呢？在一所学校内，三分之二的男孩子选择了五种职业——二万种职业中的五项——而五分之四的女孩子也是一样。难怪少数的事业和职业会人满为患，难怪白领阶级之间会产生不安全感、忧虑，和“焦急性的精神病”。特别注意，如果你要进入法律、新闻、广播、电影以及“光荣职业”等这些已经过分人满为患的圈子内，你必须要费一番大功夫。

第三，避免选择那些维生机会只有十分之一的行业。例如，兜售人寿保险。每年有数以千计的人——经常是失业者——事先未打听清楚，就开始贸然兜售人寿。根据费城房地产信托大楼的富兰克林·比特格先生的叙述，以下就是此一行业之真实情形。在过去20年来，比特格先生一直是美国最杰出而成大事者的人寿保险推销员之一。他指出，百分之九十首次兜售人寿保险的人弄得又伤心又沮丧，结果在一年内纷纷放弃。至于留下来的，十人当中的一人可以卖出十人销售总数的百分之九十，另外九个人只能卖出百分之十的保险。换个方式来说：如果你兜售人寿保险，那你在一年内放弃而退出的机会比例为九比一；留下来的机会只有十分之一。即使你留下来了，成大事者的机会也只有百分之一而已，否则你仅能勉强糊口。

第四，在你决定投入某一项职业之前，先花几个礼拜的时间，对该项工作做个全盘性的认识。如何才能达到这个目的？你可以和那些已在这一行业中干过十年、二十年或三十年的人士面谈。

这些会谈对你的将来可能有极深的影响。拿破仑·希尔从自己的经验中了解这一点。拿破仑·希尔在二十几岁时，向两位老人家请教职业上的指导。现在回想起来，可以清楚地发现那两次会谈是他生命中的转折点。事实上，如果没有那两次会谈，他的一生将会变成什么样子，实在是难以想像。

如果你很害羞，不敢单独会见“大人物”，这儿有两项建议，可以帮助你。

①找一个和你同年龄的小伙子一起去。你们彼此可以增加对方的信心。如果你找不到跟你同年龄的人，你可以请求你父亲和你一同前往。

②记住，你向某人请教，等于是给他荣誉。对于你的请求，他会有一种被奉承的感觉。记住，成年人一向是很喜欢向年轻的男女提出忠告的。你所求教的职业指导师会很高兴接受这次访问。

如果你不愿写信要求约会，那么不须约定，就可直接到那人的办公室去，对他说，如果他能向你提供一些指导，你将万分感激。

假设你拜访了五位职业指导师，而他们都太忙了，无暇接见你（这种情形不多），那么你再去拜访另外五个。他们之中总会有人接见你，向你提供宝贵的意见。这些意见也许可以使你免去多年的迷失和伤心。

记住，你是在从事你生命中最重要且影响最深远的两项决定中的一项。因此，在你采取行动之前，多花点时间探求事实真相。如果你不这样做，在下半辈子中，你可能后悔不已。

如果能力许可，你可以付钱给对方，补偿他半小时的时间和忠告。

第五，克服“你只适合一项职业”的错误观念！每个正常的人，都可在多项职业上成大事者，相对地，每个正常的人，也可能在多项职业上失败。以卡耐基为例，如果他自己研习并准备从事下述各项职业，他相信，成大事者的机会一定很多，对于所从事的工作，也一定能深感愉快。这一类的工作包括：农艺、果树栽培、农业科学、医药、销售、广告、报纸编辑、教书、林业。另一方面，他相信下述的工作，他一定不喜欢，而且也会失败：簿记、会计、工程、经营旅馆和工厂、建筑、机械事物，以及其他数百项活动。这是卡耐基自述自己专长与职业关系时的事实，值得我们借鉴。

05 既重心动更重行动

·成功的有效忠告·

梦想是成大事者的起跑线，决心则是起跑时的枪声，行动犹如跑者全力的奔驰，惟有坚持到最后一秒，方能获得成大事者的锦标。

除了思考之外，成大事者关键还在于行动。因此，我们主张，既重心动，更重行动。

有一位名叫西尔维亚的美国女孩，她的父亲是波士顿有名的整形外科医生，母亲在一家声誉很高的大学担任教授。

她的家庭对她有很大的帮助和支持，她完全有机会实现自己的理想。

她从念大学的时候起，就一直梦寐以求地想当电视节目的主持人。

她觉得自己具有这方面的才干，因为每当她和别人相处时，即便是陌生人也都愿意亲近她并和她长谈。

她知道怎样从人家嘴里“掏出心里话”。她的朋友们称她是他们的

“亲密的随身精神医生”。

她自己常说：“只要有人愿给我一次上电视的机会，我相信一定能成大事者。”

但是，她为达到这个理想而做了些什么呢？其实什么也没做！

她在等待奇迹出现，希望一下子就当上电视节目的主持人。这种奇迹当然永远也不会到来。因为在她等奇迹到来的时候，奇迹正与她擦肩而过。

有个落魄的中年人每隔三两天就到教堂祈祷，而且他的祷告词几乎每次都相同。

“上帝啊，请念在我多年来敬畏您的份上，让我中一次彩票吧！阿门。”

几天后，他又垂头丧气地回到教堂，同样跪着祈祷：“上帝啊，为何不让我中彩票？我愿意更谦卑地来服侍您，求您让我中一次彩票吧！阿门。”

又过了几天，他再次出现在教堂，同样重复他的祈祷。如此周而复始，不间断地祈求着。

终于有一次，他跪着：“我的上帝，为何您不垂听我的祈求？让我中彩票吧！只要一次，让我解决所有困难，我愿终身奉献，专心侍奉您……”

就在这时，传来一阵宏伟庄严的声音：“我一直垂听你的祷告。可是，最起码，你老兄也该先去买一张彩票吧！”

你明白为什么这样的人注定不会成大事者了吧？光有梦想是不够的，要想成大事者你必须为自己的理想认真地铁定追求到底的决心，并且马上行动！

梦想是成大事者的起跑线，决心则是起跑时的枪声，行动犹如跑者全力的奔驰，惟有坚持到最后一秒，方能获得成大事者的锦标。

哥伦布还在求学的时候，偶然读到一本毕达哥拉斯的著作，知道地球是圆的，他就牢记在脑子里。

经过很长时间的思索和研究后，他大胆地提出，如果地球真是圆的，他便可以经过极短的路程而到达印度了。

自然，许多有常识的大学教授和哲学家们都耻笑他的意见。因为，他想向西方行驶而到达东方的印度，岂不是傻人说梦话吗?

他们告诉他：地球不是圆的，而是平的，然后又警告道，他要是一直向西航行，他的船将驶到地球的边缘而掉下去……这不是等于走上自杀之途吗?

然而，哥伦布对这个问题很有自信，只可惜他家境贫寒，没有钱让他实现这个冒险的理想，他想从别人那儿得到一点钱，助他成大事者，他一连空等了17年，还是失望。他决定不再等下去，于是启程去见皇后伊莎贝露，沿途穷得竟以乞讨糊口。

皇后赞赏他的理想，并答应赐给他船只，让他去从事这种冒险的工作。

为难的是，水手们都怕死，没人愿跟意随他去，于是哥伦布鼓起勇气跑到海滨，捉住了几位水手，先向他们哀求，接着是劝告，最后用恫吓手段逼迫他们去。

一方面他又请求女皇释放了狱中的死囚，允许他们如果冒险成大事者，就可以免罪恢复自由。

一切准备既妥，1492年8月，哥伦布率领三艘帆船，开始了一个划时代的航行。

刚航行几天，就有两艘船破了，接着又在几百平方公里的海藻中陷入了进退两难的险境。

他亲自拨开海藻，才得以继续航行。

在浩瀚无垠的大西洋中航行了六七十天，也不见大陆的踪影，水手们都失望了，他们要求返航，否则就要把哥伦布杀死。

哥伦布兼用鼓励和高压两手，总算说服了船员。

也是天无绝人之路，在继续前进中，哥伦布忽然看见有一群飞鸟向西南方向飞去，他立即命令船队改变航向，紧跟这群飞鸟。

因为他知道海鸟总是飞向有食物和适于它们生活的地方，所以他预料到附近可能有陆地。

哥伦布果然很快发现了美洲新大陆。

可以想像，如果哥伦布再等下去，必然会一生蹉跎“空悲切，白了少年头”，美洲大陆的发现者可能改换他人了。成大事者的桂冠永远不会属于他哥伦布了。哥伦布最终成了英雄，从美洲带回了大量黄金珠宝，并得到了国王的奖赏，以新大陆的发现者名垂千古，这一切都是行动的结果。

二
强化三大因素:素质、个性、形象

素质、个性、形象是一个人成功必不可少的三大因素,而且现代成功学越来越重视这三大因素的合力作用。如果谁忽略了这一点,一定无法让自己的成功升级。因此,我们一定要善于把这三大因素转化为成功的有力资本。

06 正视自己的缺点

·成功的有效忠告·

如果你正视自己的弱点，然后努力摆脱失败，走向成功，那么你的力量将因此而建立、成长。请记住：正视你的弱点，并不是要你永远退缩在自己的弱点中。

即使是最成功的人也有缺点，其实人生应该是积极的，乐观向上的。所以我们必须明白指出，在你正视自己弱点的同时，你已经接受了自己是一个完整的人——有优点，也有缺点。在充分了解了你的优缺点之后，你就可以很乐观地策划你的日子，接受你的缺点，然后超越它们，以获得充分的力量；容忍你的失败，然后忘掉失败，向着你每天的生活目标前进——这一切都是避开平庸和成大事的过程。

前美国总统尼克松以前在怀特尔学院就读时，曾参加橄榄球校队。他负责抱住、并绊倒奔跑中的对方球员，由于他的体重太轻，所以只是候补球员而已。他很少出场比赛，但他仍然参加每一次的练习，而且在赛季球赛中，每场必到，他坐在场边的板凳上，努力替队友加油。尼克松能够接受自己的短处，因此赢得了校队教练的敬佩，而且他的表现也有助于提高球队的士气。

一个人能够接受自己的缺点，并且克服这些缺点，而获得成功，最典型的一个例子就是美国最伟大的总统林肯。在《活生生的林肯》一书中，两位作者保罗·安格和迈尔斯谈到关于林肯和道格拉斯辩论的故事：

“选民看到了两个截然不同的人。虽然道格拉斯的身高只有五英尺多一点，但他的肩膀宽阔，胸膛饱满，声音低沉如音乐一般，给人一种坚强有力的感觉。林肯瘦长、全身皮包骨，个性羞怯——站起来足足比他的对手高了一英尺左右，他在开始演讲时，声音高而尖，充满鼻音，然而等他进入状态后，他的声音就降低下来，使成千的观众听得如痴如醉……

“在1859年1月5日，伊利诺州州议会已经证实了秋季的大选结果，使得道格拉斯再度回到美国参议院。在这时候，林肯也忘掉了他的失败，再度埋头执行他的律师业务——一方面是为了弥补他在前六个月所损失的时间以及金钱，另一方面也是为了把失败的记忆从脑中予以消除……

“但是林肯再也无法全心全意执行律师业务。他和道格拉斯的辩论，经过报纸的报导，已经传遍全国。6个月之前，林肯的姓名很少被伊利诺州以外的人提到，但是现在已有数以百万计的人知道他的大名。有很多陌生人写信给林肯，就政治问题请教林肯的观点；有的则邀请他前去演讲。尽管他遭遇了失败，却反而使他成为全国性的重要人物了。”

林肯是一位伟大的人物，他的内在力量经由他的失败而显现出来——因为他承认自己的缺点，并且专心于从事手头的工作；因为他相信自己；因为他善待自己。

跟你我一样，他只是一个人，而且是在后来才成为重要的政治人物的。他对自己的观点如何，你也可以办得到——这完全决定于你对自己的评价。也许你无法成为总统，但你至少可以成为一名成大事人士。你身上有缺点，也一定会有弱点。如果你能坦然接受自己的弱点，将可加强你的自我形象。你只有停止批评你自己，才能强调你个性中“正”的一面，并在自己身上找到喜欢的东西。

以下这些暗示可以帮助你：

（1）了解你的极限

人人都有崩溃点，不管是在肉体上或心理上的。这些崩溃点因人而异；有些人可以承受某种压力，却承受不了其他种类的压力，而另外一些人则相反。因此，不要再批评自己“脆弱”，你要养成承认自己的极限的习惯。

（2）尊重你的极限

一旦知道了自己的崩溃点，就要用它来协助你自己。不要逼迫自己超越极限，不要为了向别人证明你很勇敢，就超越自己的极限。为你自己作决定是需要勇气的——即使有些冷酷无情的人可能会讥笑你。

(3) 不充“硬汉”

男人不应该认为自己一定得是一名超级男子汉式的英雄。这种所谓的超级男子汉其实只是作家想像出来的虚构人物。真实生活中的男士既有失败，也有成大事。有时困难和阻碍会接二连三的来，使你绝望得想放声大哭。男子汉不能哭，这是荒谬的说法，不要让你自己受制于这种荒谬。

(4) 价值重估

女性的美德很多，并不是只有在镜中看到的容貌而已，其他的美德比容貌更有价值。摆脱那些在你的自我形象中留下疤痕的肤浅想法。你承受不了这些疤痕的。

(5) 永远真诚地对待自己

没有人喜欢这种朋友：在我们富裕时对我们媚笑；当我们一贫如洗时，他们却逃得无影无踪。对你自己也是一样，如果你羡慕自己的长处，痛恨自己的短处，那么你对自己就很虚伪了。你的自我形象将永远无法获得稳定，你也将永远无法获得幸福。接受你自己的一切现状吧。即使你跌到最低处，仍然还有成长的基础。

这儿有句话提醒你注意：不要向自己的弱点让步。

如果你正视自己的弱点，然后努力摆脱失败，走向成功，那么你的力量将因此而建立、成长。请记住：正视你的弱点，并不是要你永远退缩在自己的弱点中。

每个人都有缺点和弱点，但有的人能够治疗它们，有的人则在它们面前无能为力。成大事者的习惯是碰到缺点和弱点，就立即进行自我反省，分析其中的弊害，防止把一个缺点和弱点带入到行动的过程中去。这就叫明智！

07 恪守尽善尽美

·成功的有效忠告·

成功的最好方法，就是把任何事都做得精益求精，尽善尽美。不然你就一定会被人淘汰。

有许多人往往不肯把事情做得尽善尽美，只用“足够了”、“差不多了”来搪塞了事。结果因为他们没有把根基打牢，所以不多时，便像一所不稳定的房屋一样倒塌了。

失败最大的祸根，就是从小养成不整洁的习惯。而成功的最好方法，就是把任何事都做得精益求精，尽善尽美。

一个人把事情做得十分完善之后，即使晚上躺在床上，也会快活不少。这真是一贴延年益寿的奇方。

做事精益求精，不但可以使你的精神愉快、身强体健，并且可以使你的才能迅速进步，学识日渐充实，而逐步可以胜任其他更重大的工作。所以奉劝初入社会、希望由弱而强的人都要熟记四个字：“尽善尽美”。它是你一生成败的最大关键。

司特莱底·瓦留斯先生是一位著名的小提琴制造家，他制成一把小提琴，往往要经过不少岁月。但是你可不要以为他太痴了，他所制造的成品现在已成稀有宝贵的珍物，每件能值万金，可知世上任何宝贵的东西，你如果不付出全部精力，不畏千辛万苦地去做是不能成功的。

做事尽善尽美，不但能够使你迅速进步，并且还将大大地影响你的性格、品行和自尊心。任何人如果要瞧得起自己，就非得秉持这种精神去做事不可。

随便走到何处，一位工作得完美无缺的人，总是受人欢迎的。所以你应该早些打定主意：非把任何事处理得至善至美不可。对于任何事，你都要倾注全副精力去做。

在宾夕法尼亚的山村里，曾有一位出生卑微的马夫，他后来竟成为美国一位著名的企业家，他那惊人的魄力、独到的思想，为世人所钦佩。他就是查理·斯瓦布先生。

年轻的朋友们，如果你要学斯瓦布先生，请记住他的由弱而强秘诀：他每得到一个位置时，从不把月薪的多少放在心里，他最注意的是把新的位置和过去的比较一番，看看是否是有更大的前途。

当他还在钢铁大王卡内基的厂中做工时，曾自言自语地说："总有一天我要做到本厂的经理，我一定要做出成绩来给老板看，使他自动来提升我。我不去计较薪水，尽管拚命工作，我要使我的工作价值，远超乎我的薪水之上。"他既然打定了主意，便抱着乐观的态度，欢欣愉快地努力工作。当时恐怕任何人也料不到他会有今日的成就！

斯瓦布先生小时候的生活环境非常贫苦，他只受过短时间的学校教育。从15岁起，就在宾夕法尼亚的一个山村里赶马车了。过了两年，他才谋得另外一个工作，每周只有2．5美元的报酬。可是他仍无时不在留心寻找机会，果然，不久又来了一个机会，他应某工程师的招聘，去建筑卡内基钢铁公司的一个工厂，日薪一美元。做了没多久，他就升任技师，接着升任总工程师。到了25岁时，他就当上了那家房屋建筑公司的经理。又过了五年，他便兼任起卡内基钢铁公司的总经理。到了39岁，他一跃升为全美钢铁公司的总经理。现在他是伯利恒钢铁公司的总经理了。

斯瓦布每次获得一个位置时，总以同事中最优秀者作为目标。他从未像一般人那样离开现实，想人非非。那些人常常不愿使自己受规则的约束，常常对公司的待遇感到不满，甚至情愿彷徨街头等待机会来找他。斯瓦布深知一个人只要有决心，肯努力，不畏艰难，他一定可以成为成功的人。他的一生就像是一篇情节曲折的童话，我们从他一生的成功史中，可以看出努力劳动的伟大价值。他做任何事情总是十分乐观和愉快，同时要求自己做得精益求精。因此有些必须考究一点的事情，非请他来处理不可。他做事总是按部就班，从不妄想一跃成功；他的升迁都是势所必然的。

一个职员若想迅速得到提升，只要去成就一件人家没有做成、不会做或急切需要的工作即可。这样他就很容易超越那些资格比他老、年资比他深的职员。一个人做起事来刻苦耐劳，敏捷迅速，处处替老板着想，随时用用脑子，想出些聪明、独到、完善的计划来，那时他的上司当然会对他十分注意，觉得确实应该提升他的位置了。

没有一个老板不喜欢忠诚可靠的部属。他们无时不在考察谁是可靠的，谁是不可靠的。他对于员工是否偷懒，是否贻误事情都知道得很详细。任何偷闲误事的员工都逃不了老板的眼睛，迟早都会被他发觉。

有许多人，他们虽然不对人说谎，或做些有意骗人的事，但因为他们在工作上不能让人信任，所以人家最终总难以把他看作可靠的人。

一般的老板，对于他们员工的品格，多半知道得很详细，他明白哪几个人是专门在寻找偷懒的机会，哪几个人只是在他面前干得起劲，一等他走开之后就丢开不做了。一个最让老板信任的部属，无论有没有偷懒的机会或老板在不在面前，他总是能认真地工作，毫不怠惰、忠于职守。

一个员工，如果想获得提升的机会，第一步，他先应得到老板的信任。任何老板，绝不会凭空提拔一个他所不信任的人。他所希望的员工，是无论在他面前或背后都一样努力，忠实可靠，甚至在他背后，做事还会格外起劲一些的人。

那些提升得很快的人，随时随地都会替老板的利益着想，他能尽力替老板分担工作，竭力帮助老板实现他的计划。

所以，获得提升的秘诀是：

（1）刻苦耐劳，努力从公。

（2）时时替老板的利益着想；

（3）忠于职守，诚实可靠；

你希望快些提升，早些得到更高的位置，就绝对不可养成非人家逼着不肯工作的劣习。你必须随时完成老板所想去做的事情，你必须发挥所有的独创力、先见力、所有的常识，以尽快解决那些随时发生的问题。

没有一个专门等着人家来指点才去工作的人，会得到迅速升迁。世上最有成功希望的人，无不有着判断迅速，勤劳果敢，工作主动的可贵品格。

如果你养成了“说一句，动一下”的习惯，那么你所有的能力、天才、智慧、独创力都将因此而逐渐消失，永无出头之日了。

你做任何事，万万不可想：“我只要照着上司的吩咐和方法去做就行了。”你必须在那件事上竭力发挥你的才智、见解、独创力，才容易令人折服。

只要你仔细留心，就可以发现许多不必等人吩咐就应去做的事。对于这些事，如果你存在着“老板不在这里，省省力气”的心思，你的前途就再也不会有什么希望了。因为每一个老板对于员工在背后努力与否，都是非常重视的。

做事不认真，处处希望投机取巧，随时担心自己所耗费的精力和时间已经超过薪水的酬报，因为没有额外的津贴，便不肯多动动手，不肯多提出一些改进的意见。对于同事冷淡、鄙视，常常劝他们不要白替老板效劳——这种青年，任凭他的学识怎么丰富，本领怎么大，也不会有出头的一日。

太自私——这是通往成功之路的最大障碍。有些青年常惊奇他们上升得太慢，如果老板再告诉他们：“这完全是因为你太自私的缘故”，他们一定会愈发惊奇了。实际上，他们只要替老板想想，就知道一个忠实、刻苦、和善、宽怀的员工，确是他们所最需要的，同时也是最易得到提升的了。

我们时常可看见那些明明有资格赚5000元薪水的人，却在赚1000元的薪水；明明资格、才干都在他人之上的人，却屈居人下，他们无非只是坏在一些坏脾气和小弱点之上。青年们常常只看见一条铁链上坚固的环，却忽略了其中最重要而且有毛病的环。我们平时千万不要因为自己有了几个坚固的铁环，便自夸自大起来，你只要向几个不可靠的环查看一下，就会觉悟到自己确实十分危险了。这就是说，我们万万不可忘记自己的缺点，因为它，我们的整个链条都将折断。

还有许多青年人不能进步，往往都坏在一件更小的毛病之亡——草率多误。任何事情，一经过他的手，别人就再也不能放心，不得不再去复核一次，他做事情永远是错误多端，粗忽拙劣。

有些会计人员，算起帐来错误连篇，写出来的账目，满纸涂改，所以只好永远拿那么一点微薄的薪水，勉强度日，永无进大银行、进大公司的希望。

他们也许在其他方面有很多优点，但因为有了这个小小的瑕疵，他们便与应有的成功机会失之交臂。他们不知道，一个做事马马虎虎、粗俗糊涂的人，性格也就很容易同化。他们不知道，做事的习惯不但会影响他们的前途，并且更易影响他们的性格发展。

不管是谁，都不会信任一个做起事来拖拖拉拉的人，因为他们在精神与工作上含糊粗拙，一点也靠不住，只要一看见他那粗拙的成绩，就会想到他的为人。

小说家艾略特在他的《初春》中，描写过这样一个失败者，此人名叫维西：他本来是一个出名的丝织品经营商，只因后来听了他舅舅的话，使用一种廉价的染料，以致产品质量拙劣易破，生意也就跟着一落千丈了。相反，有一个名叫皮特的人，却因做事忠诚认真，所以有资格拿着很高的薪俸。

那些做起事来只有一半可用的人，任何人都不会对他产生信任。他开出去的借据没人愿意接受，他替人管理金钱，也没有人敢相信他，无论他走到那里，都不会受人欢迎。

一个做起事来拖拖拉拉、无精打采的人，他的品行也会受到很大的影响，而逐渐堕落。他的良心也将逐渐消失。

我们只要稍微留意那些违法乱纪、遭人白眼、铤而走险的无数失业者的品格，就可以知道他们大半是那些做事拖拉不爽的人。一个人，当他有工作可做时，只要处处一丝不苟，力求完善，没有其他过分的恶习，绝对不会因失业而弄得走投无路。

如今世界各地真不知有多少人处于失业的恐慌之中，但同时那些大公司、大厂家却又跑遍各地，寻求那些忠实干练的人才。

一位老板要提拔一名员工，当然要挑选办事稳妥、迅速周到的人。他们绝不会看中那些拖拉懒惰、做事总是留下后遗症而必须经人东修西改的人，他们最满意的人，做起事来必须有条不紊，不辞劳苦。

随你去问哪一位雇主，他们都会告诉你：一个不能进步的青年大半失败在做事不能勤快、完整上。有些人从小读书时，就已养成了“拖拉癖”，读书不求甚解，考试只知应付；他将来服务于社会时，一定也会犯上没有条理、专门东凑西拚的毛病。到了那时，他再想改善，可就困难万分了。

这种“拖拉者”，常常翻箱倒柜地寻找他亲手放置的东西，有时连自己站在哪里都莫名其妙。他不知道自己所念过的书是否已经了解；他常常迟到；他记起账目来总得复算好几遍，涂改许多次，才能正确无误。总之，他无异于在杂乱无章的垃圾堆里过完了一生。这种坏习惯不但害了自己，并且还带坏了别人。凡是在他手下工作的人，都将他视作榜样，不把事情当做事情去做，只知应付了事，因为他们看见上司也是这样，到头来，所有的人都将受害无穷。他们事事都做不好，处处都乱七八糟。他们的整个商店既已深深地中了这个毒，生意当然将大大地清淡下去，弄得门可罗雀。到那时惟有自怨自艾、自叹命薄了。他再也想不到自己一生的事业，完全会败在这样的毛病上。

我们真诚地希望青年人牢记这几句话：事情不分大小，都应使出全部精力，做得完美无缺，否则还不如不做。一个人如能从小养成这样的好习惯，他的生活将一定过得满足愉快，无牵无绊。

要想过上一种美满愉快的生活，只须做事精益求精，力求完善。当一个人把事情处理得顺顺当当、无牵无挂时，他心里的愉快，真非笔墨所能形容。那些做事草率疏忽，错误多端的人，不但对不起事情，并且对不起自己！

这里我谨以一句金言奉赠各位：“竭力养成爱美的习惯！”如果你接受这一贴兴奋剂，你的胸怀一定会开阔不少，你的品格一定将受到极大的感化。世上再没有其他好办法能使你在精神、才能上获得这样大的益处。

一个能够享有盛名、迅速由弱而强的人，做起任何事情来，一定十分清楚敏捷，处处得心应手；一个为人含糊不爽的人，做起事来，一定也是含糊不清。天下事不做则已，要做就非做得尽善尽美不可，不然你就一定会被人淘汰。

快些下决心吧，不要管别人做得怎么样，事情一到了你的手里，就非将它做得很完美无缺不可。你一生的希望都在这个上面，千万不要再让那些偷闲、取巧、拖拉、不整、不洁的坏习惯来阻碍你了！做到了尽善尽美的工作，你由弱而强的日子就会即将到来。

08 坚持个人的特点

·成功的有效忠告·

如果你也急着向别人看齐，那你将无法获得快乐的生活，因为你所过的不是你的生活，而是某个人的生活，因此你只是你自己的一部分而已。

生活中并没有两旁摆满玫瑰花通往写着“成功”大门的这种通道。生活是一种起伏不定的挣扎与奋斗。

前世界重量级拳王乔路易，小时候在美国南方尝到了贫穷的滋味。

伟大的政治家艾尔·史密斯也是从贫民窟奋斗出来的，最后终于获得权力与荣耀。

杰出的黑人投手派吉在棒球尚是一种种族隔离的运动时，默默无闻地渡过了很多年的痛苦岁月。

才能卓越的电视名艺人贾吉·格里森小时候的生活十分困苦；另外一个电视名星狄克·范·戴克也曾度过一段不名一文的日子。

另外有很多人也是经过艰苦奋斗，最后终于获得成功的。可贵的是在奋斗过程中，他们都能维持自己的特点。

能有足够的勇气，独力挺身对抗所有邪恶的势力，最典型的例子就是电影《日正当中》的那位男主角。这位小镇警长在友人全部背弃他的情况下，不得不挺身对抗那些回到镇上的凶恶杀手：他虽然也很害怕，但最后还是克服了恐惧感，打败了那批不法之徒。电影虽然是虚幻的——却道出了生活中的真缔。

还有谁能够像杜鲁门总统那样面对批评而安然自处的吗？他拒绝妥协，坚持自己的理想，不理会批评者对他的攻击。报纸侮辱他的能力，甚至连政治家也怀疑他，但他仍然对自己保持信心。

杜鲁门这种“坚强的个人特点”，所面临最大的考验就是他和杜威竞选总统，结果他获胜了。虽然全国的民意测验以及报纸皆预测他无法获胜，但他仍然坚持他一定会获胜的信心。在开票之初，他落后杜威甚多，甚至有些报纸已经宣布杜威获胜，但杜鲁门仍然镇静地上床睡觉，第二天起床时，发现自己已经获胜时，他甚至一点儿也不感到意外。

一个人的个性是什么样的，与他能到底成就什么样的事是有密切关系的。狭隘、保守、自私者也可以有一点作为，但绝不能有大作为，因为他进入了真正成大事者的人生境界中，体验不到良好的个性——如乐观、进取、开朗才能让人产生积极心态的力量。

19 世纪的美国人普遍具有乐观、进取及开朗的个性，因为当时西部有很多尚未开发的土地，使得当时的美国人获得了向某处拓展的进取精神。

他们承认，那时一个大男人会觉得他的生活充满自由。如果生活压力太重，或同伴认为他不行，他随时可以收拾行李，搬到一个人口比较稀少的地区，很可能一夜之间就成为百万富翁。

这些拓荒者——生活在突然死亡或突然致富的环境与气氛中——都是个人主义者。

美国老罗斯福总统曾经描写过早期农场牧人的生活：“不仅是这些人那种狂野、自由的生活极有吸引力，而且这些人本身也极为讨人喜欢。他们个性坦率、勇敢、自给自足。他们不但不畏惧任何人，也不害怕大自然。”

狂野的生活也有其不好的一面：那就是突然出现无法控制的个人利害冲突，或人们不重视法律时，暴力就会泛滥。

然而这些拓荒者都是个性愉快的人物，他们都过着充满活力的生活。如果新社会的规定过于严苛，则空旷的无主大地足以让他们逃避社会的压力。

黎勒先生认为：“自力更生、勇气、充满活力、耐力、友善、不拘束，是从不断地开发新土地的过程中产生的美德。”

小罗斯福总统最喜爱的一首歌曲“牧场老家”，最能深刻体现这种精神。

随着 19 世纪的结束，美国的边疆地区——就地理上而言——也跟着消失了，但仍有许多人烟稀少的地区。在 20 世纪内，很多迁移的人口填补了这些地区的空间。德克萨斯州的人口：在1900年时尚不到300万，到如今，已超过900万。加州的人口在1900年时，大约是150万，如今也已超过1550万。空旷的土地不断地被人占领居住，对生活不满的人，下再也无法像他们的祖先那样逃到荒野中了。

铁路早已把各大城市和许多偏远地区连接起来，飞机更大大缩短了各地区的距离，节省了更多的时间，电视机和收音机更是把大城市的生活价值传送进各偏远地区的小城镇中，人与人之间、地区与地区之间的界限在迅速的缩短。

因此，如果今天文明的压力令你感到难过，那么再也没有轻易摆脱的方法了——至少在一个人口稠密的国家里是办不到的。但是不要因此而感到绝望，因为这并不表示你自己的“疆界”也将宣告结束。你用不着把你的疆界缩小，在你心中，有力量打击所有前面所描述的各种现象。也许这些力量正在你内心深处冬眠，等着你在适当的机会发掘及培养。

（1）努力培养自己的特点

在这个世界上，没有两个人是完全相同的，如果你想发展自己的特点，只有靠自己。在目前这个世界里，“复印本”的人太多了，你应该去作“正本”。

但这并不表示你一定要标新立异，并不是说你一定要留胡子，或站到肥皂盒木箱上发表演讲。

人们很喜欢艾森豪威尔将军的原因之一在于，他是个很单纯的人，绝不矫揉做作。虽然他是世界著名的军事将领，却比普通人更谦虚。他的陆军部属马帝·史耐德在《我的朋友艾克》一书中，提到第二次世界大战结束之后，艾森豪威尔将军去拜访他所开设的餐厅的情形：

“艾森豪威尔将军从欧洲回国之后，来到餐馆用餐。我们一起进餐，我告诉他我很希望看到他成为美国总统，我并且已经向很多人谈到这件事。

“他听了之后哈哈大笑。他说：‘听我说，马帝，我是军人，我只想安安分分当一名军人。’我说：‘将军，我从来没想要当一名军人，但他们却征召我去当兵。我想到时候，他们也会征召你去竞选总统。’艾克回答说：‘我深信不会有这种事。’”

正是艾森豪威尔的纯真和谦虚，使得他一生都倍受人们爱戴。

（2）不要人云亦云

事实上，要在现代社会中生活是很简单的，只要我们懂得如何去生活。在某些地方，我们必须遵守团体规则，如果我们想被这个文明社会当作有用的一分子，就必须这样，别无他法。同时在其他地方却可以自由表现我们的特点，而显得与众不同。

现代生活中易犯的一项重大错误就是，一开始就估计得过高或行动过度：有许多人之所以购买最新型的汽车，是因为他的邻居买了这样一部新车；或是为了相同的原因而搬人某种型式的新屋居住。这种现象极为普遍，大家称之为“向琼斯一家人看齐”。

著名作家范锡·培卡德在他的畅销书《争名夺利之辈》中，对此种现象有一段很精彩的描述：

“我参加了1958年在芝加哥举行的美国全国建筑商大会，在会中我听到一位房地产市场的顾问作报告说，他和他的助理在八个城市里进行了411次‘深度访问’，希望发现人们在买房子的时候，究竟有何考虑？他发现许多中年人买房子，都是希望替自己买一栋成大事者的象征，他并且详细说明了如何在出售房子时，增加一点‘派头’的吸引力。

“其他许多的房地产专家最近也指出，‘派头吸引力’是房地产销售的最佳秘密武器。这位专家说，其中一个方法就是在你的广告中加入一些法国文字。他说法文就是代表派头。果然我们不久就在报上看到很多夹着法文的房地产广告。”

如果你也急着向别人看齐，那你将无法获得快乐的生活，因为你所过的不是你的生活，而是某个人的生活，因此你只是你自己的一部分而已。

（3）训练使你与众不同的方法

当你在一次社交场合上发表一项意见，别人却哈哈大笑时，你是否立刻沉默不语，退缩起来？如果真是这样，那你要把下面所说的这些话当作一顿美餐好好吸收消化。它们将赐给你一种神奇的力量，使你在芸芸众生中保持自己的特点。

①承认你有“与众不同”的权利

这是一个民主自由的国家，我们都有这种权利，但许多人却不懂得运用。不要盲从，当你的意见与大部分人不同时，可能有人会批评你；但是一个思想成熟的人并不会因为别人皱眉就感到不安，也不会为了争取少数人的赞许而出卖自己。

②支持你自己

你必须成为自己最好的朋友。你不能老是依赖他人，即使他是个大好人，他也必须照顾自己的利益，而且他内心也一定有些问题困扰他。只有你充分支持自己，并加强你的信心，才能使你在人群中保持独特的风格。

③不要害怕恶人

几乎所有的人都在正正当当地做事——只要你给他们公平的机会。然而还是有些所谓的“恶人”，有时会用一些不正当的手段争名夺利；有些人利用别人的自卑感，以漂亮的空话治理人群，或恫吓竞争者。你要学习应付讥笑与怒骂，坚守自己的权益，大大方方地表达你的信仰与感觉。记住，恶人的内心深处其实也很空虚，他的攻击只是防卫性的掩护而已。

④想像你的成就

有时你会觉得心情不好，或者跟某些人相处不来，觉得自己像个外人，不要沮丧。这种情形任何人都会偶尔遭遇到。只要你想像出更快乐的时刻，使你感到更自由、更活泼，那就能够恢复信心。如果你的脑中无法立即浮现这些情景，请你继续努力，它值得你继续努力的。

09 一定走自己的路

·成功的有效忠告·

敢于特立独行的人真是少之又少！大多数人都只是人口统计中的普通样本而已，是他们组成了芸芸众生。但是，卓尔不群又能完全自立的人实在少得可怜。

“走自己的路”，这句话出自于意大利著名作家但丁。我们在此加上

"一定"两字，即为"一定走自己的路"，这是对那些有依赖个性的人的警示。的确，依赖别人是人们普遍存在的一种坏习性。

在现实生活中，要保持一种心理独立是很难的，依赖这种不良心理会不时地以各种方式侵入你的生活，而且由于许多人从别人的依赖中可以得到好处，根除这一弊病就变得十分困难了。

我们这里所说的"心理独立"，是指一种完全不受任何强制性关系的束缚，完全没有他人控制的行为。这就意味着，如果不存在强制性关系，你就不必强迫自己去做本不愿意做的事。保持心理独立之所以很难，这与社会环境教育我们不要辜负某些人——如父母、子女、上级以及爱人的期望等因素无不相关。

当然，个人独立并不代表真正的成功，圆满的人生还必须追求一种更加成功的人际关系。不过，人与人的相互依赖的关系必须以个人的真正独立为先决条件。要实现心理独立，就要摆脱心理上的依赖感，这意味着要根据自己的愿望独立生活，当然不是说断绝社会交往。如果你喜欢自己目前与人交往的方式，它又不妨碍你的生活，那就尽可能保持这种交往。人与人之间的相互依赖关系的本身并不是一种问题，而是附带的"义务"。义务会使人产生内疚感和依赖感，而选择会使人得到友爱及独立性。在人与人的关系中，只要存在着心理上的依赖性，就必然不会有选择，也就必然会有怨恨和痛苦。

要实现心理独立，首先就得摆脱依赖他人的需要。请注意，这里讲的是"依赖的需要"，而不是"与人交往"。一旦你觉得需要别人，你便成为一个脆弱的人，一种现代奴隶。这就是说：如果你所需要的人离开了你、变了心或死去了，那么你必然会陷入惰性、精神崩溃甚至绝望至死。社会告诫我们，要在心理上依赖父母、老师、上级等各种各样的人，你或许总是在等待某些人来安抚你。如果你觉得必须根据某人的意愿做某事，而且事后感到怨恨、不做又感到内疚的话，那么可以肯定，你必须走出这一误区。

一般美国人的一个最大缺点是，如果他在某个方面不具备特别的天赋，他通常就认为不值得全力以赴。

不要因为你不是个天生的领导者，就认为自己是个天生的依赖者。没有杰出的领导天赋并不成其为理由，因为你完全可以慢慢培养。如果我们不对自己的能力进行考验，我们永远不会知道自己到底有多大的潜力。很多看似没有领导天赋的人最终证明了自己是伟大的领导者——他们一开始很少显示出自立的能力。

成功者从不模仿别人。他们也不为大多数人的意见所左右，他们自己进行思考和创造。他们常常自己制定计划并付诸实施。

敢于特立独行的人真是少之又少！大多数人都只是人口统计中的普通样本而已，是他们组成了芸芸众生。但是，卓尔不群又能完全自立的人实在少得可怜。

你看到的每个人几乎都依赖于某些东西或某个人。有些人靠他们的钱，有些人靠朋友，有些人靠衣装，有些人靠门第，有些人靠社会地位。但是，我们很少见到一个能完全靠自己的双脚堂堂正正地立身于社会的人——他靠自己的美德而生活，完全自立，果敢有为。

当我们成长以后，我们就不能再原谅那些让我们依靠的人了，因为我们知道我们生来的权利就这样被剥夺了。

当爸爸教小家伙怎样去做一件事时，小家伙总是很不以为然。但是，如果是他亲自做成了这件事，他会欣喜若狂。这种征服的新感觉是一种新增的能力，会助长自信和自尊。

大学教育并不能提高人的实践能力，它只是给人提供了一些工具。只有通过实践，你才能学会熟练地使用它们。是“艰难困苦”这所学校磨炼了人的意志，使人奠定了成功的资本。

享利·比奇讲了下面这个他小时候学习自立的故事：

“我被叫到黑板前，心里惴惴不安，抱怨个没完。‘这一课必须得学。’我的老师说，声音很平静却相当有力。他从来不认可一切解释和借口。他会说：‘我要的是那个问题，我不想听到你没能回答那个问题的任何理由。’”

“我学习了两个小时。”

“那对我没有任何意义。我要的是你背下这一课。你可以不必去学，或者你可以学上10个小时，随你的便。但我要的是你背下这一课。”

“这对一个嫩小子来讲太难了，但我从中获得了益处。不到一个月的时间，我获得了巨大的勇气和独立思考的能力，我不再害怕背课文了。”

“一天，他那冷漠平静的声音在大庭广众之下落在了我头上：

‘不对！’”

“我犹豫了一下，于是从头开始背，当我又背到相同的地方时，又是一声斩钉截铁的‘不对！’阻断了我的背书进程”。

“下一个！”

我坐了下来，觉得莫名其妙。

那个同学也被“不对！”声打断了，但他继续往下背，直到背完为止。当他坐下时，得到的评语是“非常好”。

“为什么？”我埋怨道，我背得和他一样，你却说“不对！”

“你为什么不说‘对’并且坚持往下背呢？仅仅了解课文还不够，你必须深信你了解它。除非你胸有成竹，否则你什么都没学到。如果全世界都说‘不’，你要做的就是说‘是’，并证明给人看。”

一个老师能提供给学生的最好教益就是训练他依靠自己，信赖自己的能力。如果一个人年轻时不学会自立，他就会成为一个弱者，一个失败者。

10 无知就会出现人生“黑洞”

·成功的有效忠告·

前任哈佛大学校长艾略特曾说：“养成每天读10分钟书的习惯，则每天10分钟，20年之后，他的知识程度必将前后判若两人。只要他所读的都是好的东西。”

一位哲人曾说过，一个人愈能储蓄则愈易致富。同样道理，你愈能求知，则你愈有知识。你能多储一分知识，就足以丰富你的一分生命。这种零星的努力，细小的进益，日积月累，可以使你于日后大有收益，可以使你更为充实、更为丰满，可以使你更能应付人生。

人生的道路是不平坦的，从古到今，不论在什么样的社会里，不论在什么样的环境下，不需要通过自己的努力与奋斗便可安享富贵荣华的仅仅是极少数的统治者。而占社会百分之九十九以上的绝大多数人，要想出人头地，要想获得幸福甚至哪怕是只求不饥不寒平平安安地度过自己一生的时光，都必须付出巨大的努力和不懈的奋斗。这巨大的努力之中第一要紧的就是学习知识，不断地学习新的知识。在生存竞争日趋激烈、知识更新不断加快、科技发展日新月异的今天，对新知识的学习就更显得尤为重要了。

一般青年人不愿多读书、多思想，不想在报纸、杂志、书籍之中尽量获取各种宝贵知识，真是最可怜最可惜的事！

他们不明白，他们所抛掷去的东西在别人手里可以成为无价之宝，可以使生命更加丰富。

一个没有书籍、杂志、报纸的家庭，等于一所没有窗户的房屋。小孩子常常接触书本，则他们自会产生读书的兴趣，自会于不知不觉之中摄取其中的许多知识。

时至今日，简直每个家庭都不可能没有书籍。

家庭的藏书在古代是一种奢侈，在现代却是一种生活需要了。

学生在学校时代所最应该养成的一种能力，就是去熟悉各门学问中的相关的书籍。

在一个图书馆中，从汗牛充栋的藏书中，挑出几部最有价值的书本以供阅览。

这种能力，对于他的一生，真是大有贡献、大有补助。

这仿佛是个人在选择适当的工具以从事知识开拓，进而为社会服务。

耶鲁大学的校长海特莱曾经说："各界的人，如商业界或产业界中人，都曾告诉我：他们最需要、最欢迎的大学生，就是那些有选择书本的能力，及善用书本的人。而这种善择书本与善用书本的能力的最初养成，最好是在家庭中——具备着各种书籍的家庭中。"

一个天资比较高的儿童，只要使他常有接触书、使用书的机会，他从书本中摄取的知识一定丰富得惊人。

凡是家庭中具备不少的辞典、百科全书、参考书，以及其他种种有益的书籍的，其儿童往往会于不知不觉之间，利用那容易虚掷的空闲时间教育他们自己；而这种教育的代价，只是书籍的准备，要比学校教育所费的代价少10倍以上。

同时那些忽略教育设备的家庭中的儿童，会厌恶家庭，喜欢向外面乱闯，以至陷入种种危险的陷阱中。

家庭是一个人所受到的最主要的生活训练的地方。在家庭中，我们养成习惯、形成志趣；而这些习惯、志趣将影响我们的一生。

穿褴褛的衣服、破旧的鞋子，这都不打紧。然而千万不要在购买书籍上节省，假使你不能使你的子女受高等学校的教育，你总应该供给你的子女以少量的书本。

有一户人家，其父母子女，相约于每晚留出一部分的时间作读书或别种自修之用。晚餐方罢，他们共同休息及游戏。在一个小时之内，或谈笑戏谑，或作各种游戏，极尽欢娱。一小时后，到读书的时候了，此时他们各就各位，静默到连细针坠地都可听见。

在他们心中有着一个和谐的、统一的意志——凡足以分散注意力、打断心思与使之心驰的一切，都要被阻止、消灭。

就事实而论，一小时聚精会神、不被扰乱地读书，其成效确要大过常被扰乱与心不在焉的两三个小时的读书。

无论一个人生活是怎样忙碌，但总有很多的光阴是虚度的、浪费掉的，而这些虚度的光阴假使能被妥善利用，则未始不可生出大益处来的。

前任哈佛大学校长艾略特曾说："养成每天读10分钟书的习惯，则每天10分钟，20年之后，他的知识程度必将前后判若两人。只要他所读的都是好的东西。"

所谓好的东西，即是大家所公认的世界名著，不管是小说、诗歌、历史传记或者其他种种。

大多数人都肯在自己所心爱的事上留出相当的时间来。

假使你真有求知之饥渴、自修之热望，你总会找出时间来的。

从每种可能的处所，努力摄取知识，这是使人知识广博的惟一条件。

而广博的知识可以使人胸襟开阔，这样的人能够从多方面去"接触人生、领会人生"，而他的趣味，也是广博、浓厚的。

一般不曾受过大学教育的人，往往有过于看重大学教育的趋向。一般因家境困难，或身体不健康，而无缘入大学学习的人，总以为他们遭受了一种不可补救的损失，以为在他们的一生中有着一个永远不可补救的缺陷。他们以为纵使于日后怎样的自修自习，也还是没有用处、无补于事。但就事实而论，世间最有学问、最有知识、最有效率的人往往是那些从未受过大学教育的人，甚至是那些连中学都没有跨进过的人。

世间最可尊敬的就是那些年已中壮仍然孜孜好学，以求补救少年失学之悲的人，他们利用全部的空间、时间且灌注其全部的精神用以摄取知识，从而使自己成为更充实、更伟大的人。

假使你觉得，在有些普通学校的课程上，你的学习力与记忆力远逊于以前，你不要因此而灰心。

教育这个名词，意义很广泛，对于有些东西，壮年人的学习力要比青年人的学习力强得多；因为他有更多的经验、更成熟的见解、更正确的判断力。因为他尝过失学的痛苦，所以他对学问的爱好甚于任何人。

有许多人在学校时成绩凡庸，但日后在学问事业上往往有惊人的表现，理由也就在此。

更进一步说，人的一生都是受教育的时期。

世界就是我们的大学校，我们所遇见的人、所接触的事物、所得到的经验，都是人生大学中的教师。

只要我们开放我们的耳目，则每日中的每一分钟，都可以摄取许多的知识，然后在空闲的时候，我们可以用“深思”的方法，将那些零碎的知识整理组织起来。

11 自己回答“我是谁”

·成功的有效忠告·

如果你自己的形象在自己的心中就是一个出人头地者，是一个才华横溢、能力超群之士，那么你肯定会尽情发挥你自以为长的天赋，最终，你必将成为一名鹤立鸡群者。

哲学家们一直都在探寻“我是谁”的答案，从希腊时期的苏格拉底到存在主义哲学家萨特，他们一直在思索着，探询着。其实，“我是谁”就是自我确认的问题。

一个人内心一旦确认了自我身份的话，他的一言一行就会把自己塑造成那种内心的形象，并且一生不变。

有一种信念能最大限度地影响我们的生活、事业以及一切，并能让你出人头地，那就是我们对自己身份的确认，即自我确认。

“自我确认”是指心灵深处对自我的界定，这种定义会使我们跟别人迥然有别。换一种说法就是我们在内心对自己形象的塑造。如果你自己的形象在自己的心中就是一个出人头地者，是一个才华横溢、能力超群之士，那么你肯定会尽情发挥你自以为长的天赋，最终，你必将成为一名鹤立鸡群者。

教育家们往往发现：老师对学生的看法，能够极深地影响学生自我的确认，从而影响他们才智的发挥。有这样一个研究实例：几位老师被告知他们刚接手的班上，有几位优等生，怎样使这些优等生取得优异的成绩就是老师们的任务。结果，计划如期实现了，这几位孩子取得了极其优秀的成绩。实际上当初这些学生只是智力一般的孩子，他们中间还有几位“差生”哩！实验表明：良好的自我确认对一个人的成长具有极其重要的影响。因为一个人一旦在内心深处确认自我是哪种身份的人的话，就再也看不到自己的另一面了。

上述道理同样也适用于学生以外的人们。

如果每一个人在生活中都能对自我的确认有适当的信念，对某些方面有一些特别的调整，自我确认改变之后的人生就会变得更加有意义，就会少却无数苦恼、麻烦和痛苦，平添诸多欢乐！

当然，自我确认的改变必须是从无数的尝试和一再地坚持中形成的，表里如一的努力就会使人在这种“我是谁”的转变中获得成功。

美国的一个女孩子戴伯娜讲述了她的一个故事：

“我从小就是胆小鬼，从不敢参加体育活动，生怕受伤，但是参加你的讨论会之后，我竟然能进行潜水、跳伞等冒险运动。

“事情的转变是这样的，你告诉我应该转变自我确认，从内心深处驱除胆小鬼的信念。我听从了你的建议，开始把自己想像为有勇气的高空跳伞者，并且战战兢兢地跳了一回伞，结果朋友们对我的看法变了，认为我是一个活力充沛、喜欢冒险的人。

“其实，我内心仍认为自己是胆小鬼，只不过比从前有了一些进步而已。后来，又有一次高空跳伞的机会，我就视之为改变自我确认的好机会，心里也从‘想冒险’向敢冒险转变。当飞机上升到15000米的高度时，我发现那些从未跳过伞的同伴们的样子很有趣。他们一个个都极力使自己镇定下来，故作高兴地控制内心的恐惧。我心想：以前我就是这样子吧！

“刹那间，我觉得自己变了。我第一个跳出机舱，从那一刻起，我觉得自己成了另外一个人。”

这则故事里，戴伯娜变化的主要原因在于内心自我确认的转变。她一点一滴地淡化掉旧存的自我确认，一下子采取新的自我确认，从而在内心深处想好好表现一番，以作为别人的榜样。最终，戴伯娜的自我确认转变了，从一个胆小鬼变成一位敢于冒险、有能力并且要去体验人生的新女性。她的这一变化，也影响了她后来生活中的每一件事，包括她的家庭以及她的成功。

人往往不愿意轻易牺牲自己来拯救别人，特别是当他认为自己是“为自己活着的人”时。但是如果他的信念转变了，他就会乐于助人的。比如在要一个人抽取骨髓之前，先求他做几件小事，使之感到不帮助别人违反人的天性，帮助他人是天经地义的，也是一种快乐。那么，当他在内心深处确认“自己是个乐善好施者”时，再求他在无损于己的情况下捐赠骨髓，他会欣然答应的。原因就在于他的“自我确认”改变了，世界上最能影响人的东西正在于此。

同样的，一个人要想获得成功，出人头地，成为生活和工作中的优胜者，就应该首先在心目中确立自己是个优胜者的意识。同时，他还必须时时刻刻像一个成功者那样思考，那样行动，并培养身居高位者的广大胸襟，这样，总有一天会心想事成，梦想成真。

身边的朋友或同事们对自己的看法，也会深深地影响我们对自我的确认。还有，时间也影响着自我的确认，过去、现在和未来，你是什么样子，你评价自己的标准又是什么呢？例如一个人在十年前过得并不如意，但他想像着有一个美好的未来，并极力向此目标奋斗。结果，今天的他正是当年他心目中确认的那个“未来形象”。由此可见，你以什么样的标准来看不同时期的自我，决定着你自我确认的发展方向。

哲学家们一直都在探寻“我是谁”的答案，从希腊时期的苏格拉底到存在主义哲学家萨特，他们一直在思索着，探询着。其实，“我是谁”就是自我确认的问题。

对自我的确认，安东尼奥建议你这样做：

第一，平心静气地问：“我是谁？”

第二，可以查字典，找出你的名字和含义，并把它们记下来。

第三，设计自己的人生档案卡片。上面最好列出这些项目：照片、性别、体重、身高、情感、能力、爱好、兴趣、意愿、座右铭、血型、星座、主要经历……要使别人一眼即可从上面内容中认识你。不过，你要记住，你所做的一切都只是为了自我确认，惟一的目的也只是要把你和别人区分开来。

如此一来，你可得费些功夫来审视一下你对自我的确认，好好地鉴赏一番。如果某种自我的确认给你带来痛苦，那么要马上改掉它。要明白：所有的一切都只不过是你自己要认定那么做的，是你心中为自己预先设定的，你完全可以改变它们。

一旦你改变那些自我确认，你的人生也会随之改变。你明白了自我确认是一个自己认定、环境影响的长期渐进过程，你想改变的话就随时都可以改变，直至改变自己的人生。

也许，有人会惊讶地问道：“个人的生活体验不是可以主宰对自我的确认吗？”其实不然，对自我的确认受制于对个人体验的解释。也就是说，你怎样认识你自己过去的人生，就会导致你怎样认识你自己，最终决定你有什么样的自我确认。

三 “三点一面结构”:激励+目标+计划

凡是成功皆出于一个人优秀自我的设计,主要包括激励原则、目标构成和计划方案。离开这三点,任何人都会陷入被动局面。现在给你提出的课题是:从这“三点”中挖掘出成功的资本。

12 自己给自己当家

·成功的有效忠告·

一个不能相信自己，无时不在放过机会的人，总也不会有出头的一天。

一个能够成就大事的人，做任何工作都满怀希望和自信心，非弄出一个优异的结果来不可。他的目光完全放在“成功”两个字上，绝不跟着人家随声附合。只要他作出决定了，就不再畏首畏尾。一切计划、一切做法，无不由他自己来决定；一切困苦、一切艰难，无不由他自己来承担；一切阻挠、一切障碍，无不由他自己来排除。他从不自怨自艾、不向人诉苦，任何责任义务也从不推辞，永远勇敢承担，像这样的人，岂有不成功之理。

老天赋予任何人以能力，无非希望他能成为一个勇敢的人。人生的目的本来只有“成功”二字，你不能永远在一种犹豫迟疑、畏缩不前的气氛中生活下去！

惟有甘心做奴仆的人才处处依附别人，随声附和。一个能成就大事的人绝不如此，他全身充满活力。一个有着伟大魄力的人，要成就事业往往易如反掌，他的眼睛，他的气魄，他的胸怀，无不潜藏着威力，雄视一切。

我们要做自己的主人，自己给自己当家，要做一位创造时势的英雄，绝不能忍受任何环境的束缚，要鼓起勇气，与危害我们成功与愉快的一切穷困、颓废、怯懦决一死战！

有些人存有这样的想法：任何人都逃不出命运的魔掌。所以他们不再振作，专等命运来作弄。这真是一个可怕的念头，它对人的一切天才、智能、人格都将遗害无穷。

一个意志坚定，敢作敢为的人，永远信任自己。他遇到任何难事，都沉着应付，不张慌失措。不但他们信得过自己，而且别人也没有不信任他们的。人家都能识别他们勇往直前的性格，永远不需要求救于人。

大凡古今世界的成功者，无不有着极大的勇气，敢冒大险，敢与一切艰难作斗争，坚强的自信力使他们有胆量去做领袖、去做开路先锋。

在这种生存竞争激烈的时代，那些三心二意、没有勇气、没有决断力的青年，到处都将受到排斥。

希望成功的青年，不但要意志坚定，还应随时抓住机会，鼓起勇气去做。一个不能相信自己，无时不在放过机会的人，总也不会有出头的一天。

如果一个青年生性怯懦，没有一点自信力，遇事迟疑不决，裹足不前，毫无判断力，毫无冒险之心，那他的一生就将毫无生气，毫无成功的希望。

爱默生说："上天赋给任何人的能力，都可以使他成就功业，决无偏差。"

但是在当今人才济济的时代，不知有多少才能卓越的人，在一般的公司行号里，逐渐失去了他们做大事、成大业的能力。实际上，任何人都应该有一个灿烂美好的前途，尽一份极重要的职责，绝不应在"过一天算一天"的日子中埋没自己的个性，他必须自谋发展之路，必须从教育、职业、环境的种种羁绊中奋力挣扎出来，凭着自己的天赋禀性，发展光明的前途！

有些人常常遇难而退，专门跟在别人后面，人家走到哪里，他也走到哪里。其实上天赋予人的才能是不分上下的，别人能做大事，你也能；人家能建立大功，你同样也能。

如果上天赋予你一种卓越的能力，而你自己却不知去开发，硬要学别人的样子，挤进别人的模子里，那对你不但毫无益处，反而说不定还有极大的危险。

即使你生来只有做鞋匠的天赋，你也应努力去做一个世界首屈一指的制鞋大王。不要再去胡思乱想，你应该发展自己的能力、智力、创造力，使它们集中于最与自己相合的一点，千万不要专去做别人的尾巴。

一个做事有计划、肯于负责、充满热血、准备不惜任何代价去完成的人，普天之下处处都有他的发展之地，无人无物不可供他驱使。

鼓起勇气来，使出浑身力量。你说："我要完成它"，这样去做任何事，一定轻而易举。

要培养自己的人格，发展自己的个性，最要紧的是立刻去做你所愿意去做的事情，并决定改正自己的错误。也许你没有胆量，不能坚持，没有魄力，不能决断，你非竭力磨练修养不可，你应该确信上天赋予你一种权能，必有完全改正这些错误的力量，而且深信这是必要的。如果你真能做到这一点，你的错误也就会在无形中消失，你会发现自己经过这样一番改进之后，已经浑身是力，无事不可成功了。

美国伟人之一的格兰特先生就有这样的好习惯，他做起任何事情来总是自信必能成功，从不自暴自弃。遇到大难，就当机立断，绝不徘徊踌躇，迟疑不前。

如果你能够学得美国历代伟人如林肯、华盛顿、格兰特等人的果敢勇毅，你的前途一定希望无穷。一个勇往直前的领袖人物随处都将受人欢迎，在他的字典上绝找不出一个"怕"字，他对于任何事情只知埋头去干，永不退缩。

如果你是怯懦无能、优柔寡断的人，你的自信力一定也将跟着受损，这时你的根基发生动摇，就再无成功的希望了。

一个人到了紧急关头，便退缩不前，意志消沉，一定会闯下大祸，必败无疑。相反地，如果你的意志永远坚定，信念始终不发生动摇，结果一定能成功。因为意志偶尔动摇，无异替敌人造成一个征服你的机会。

13 激活自己的动力

·成功的有效忠告·

要想成大事，必须激活自己的动力，消除自己的惰性。这一条自我激励的方法，千万不要丢掉！

一个人身上的动力最重要，但动力的杀手往往是"惰性"。惰性是每个人身上都时隐时现的"敌人"，有很多人就是无法靠激励机制调动情绪和干劲，因此无法打败惰性。成大事者的人生习惯是：必须让惰性在身上"死亡"掉，否则在任何时候你都会是一个平庸者。

对于命运的主宰能力和程度来说，人在达到一定的发展层面之后，特别是进入了享受上的层次之后，就会开始出现动力上的"惰性"。为此，这个时候就需要进行"激活"，也就是刺激——强烈地刺激。要通过强烈的和有效的刺激，达到对人们的动力调动与唤醒，消除惰性。

动力的激发方式因国家而异，就美国、日本、中国现在的一些做法而言，长期以来就有三种模式，一种是奖励机制，一种是回报机制，一种是欺骗机制。奖励机制不用多说，都懂得，本质一样，具体做法上略有差异；回报机制，在模式上也就是"投入—产出—回报"，也不难理解；欺骗机制，比较复杂，一种是承诺不能兑现演变成欺骗，另一种是机制上就把回报放到遥远的"天堂"或"来生来世"等等，其理由是多种多样的，有些也是可以原谅的，但是，在一些业外人士看来，这无异于是一种欺骗或欺诈。这三种模式都可以调动人的积极性（让人听你的话，"听话——能干"是现代社会对人的最基本要求），激活人的内在动力，从而可以消除掉惰性。

（1）奖励机制

在以往的做法中，主要是物质刺激与精神鼓励两种类型。精神鼓励，就是表彰和宣传以及发给各种荣誉证书，树立良好的社会形象（这很重要，形象也是力量）。现在，世界上许多地方都在用这种方法。另外，就是在物质方面予以奖励，最著名的要算是"诺贝尔奖金"一类的了。

上面说的这两种方式，在现实中，都是复合式操作。就是说，都是精神鼓励与物质刺激两方面相结合的运作方式。当然，这种激励型的奖励式激活方式，也不是没有极限的。不管它具有多么大的奖励份额，归根结底，还都是"封顶式"奖励。也就是说，奖励不可能是"无限的"，而人们的野心却是"无限的"。因此对于一些人来说，这种奖励式的激活方式，也还是不愿意接受的。还必须研究出其他的激活方式。

（2）回报机制

就是让你“天天得，天天赚”，支付一点赚到一点，永无止境。可见，强大的回报机制的建立是用以遏制和满足人们的野心的。所谓回报机制就是回报与奉献都有止境。你创造多少，就回报你多少，甚至摆出一副让人“富可敌国”的回报架式（至少在形式上如此）。所谓上不封顶，只要你劳动，只要你创造，国家与市场经济的机制就保障你的劳动所得，让你的劳动所得合法化。

（3）嫉妒激活机制

这是一种舆论导向式的东西。大千世界什么人都有，特别是有一些人，天生就是温饱即可，小富即安，有一点就行，就是不愿意做事，成就一番事业。因此，对于这些人，你必须激发他的“努力和获得的欲望”，让他知道，生活本来是可以更美好的，只要你做出努力，一切会更加美好，而这才是我们所追求的！让他明白人生的意义所在——让他看到榜样和拥有的力量。

我们的事业需要每一个人的努力，可是作为“个人”来说，是允许他选择自己的生活，存有“并不想得那么多，少干一点啦，得太多了心累”的想法！但是，作为国家、企业、老板、事业来说，都是想得越多越好，越大越好，为此，就必须想出办法来，让所有的人都始终保持旺盛的活力，终生奋斗，“生命不息，战斗不止”，这才是目的。因此，在奖励机制、回报机制不奏效的情况下，要产生出其他的办法，甚至想方设法“教唆”引导劳动者的积极性。

（4）遏制机制

世界上对付人的方法是硬的不行就来软的，或者软硬兼施。遏制机制就是这样。在力量的激活上，如果奖励不奏效、回报也不奏效、诱导也不行，那么就遏制，或者干脆就采取系统性的激活方式，“四管齐下”形成合力，予以激活，保持活力。运用法制的武器，对人们的体验领域与野心希望达成的领域、行为进行限制。如果不听从的话，就剥夺其自由和财力等人生五大力量和外在的九大力量。剥夺力量，可以消除人们的逆反劲头和人生自主的野心。至于如何剥夺，应该是从剥夺发展开始，到剥夺享受，最后剥夺生存。“不劳动者不得食”，而且是“高层次的食”。比如，在美国有一位网络商务专家说，今后三年之内再不学会网上商务，那么，就可以明明白白地说，他别想赚到一分钱（这就是高层次的不得食）！

人生动力的内容，就是生存、享受、发展。其中，动力最强大的是生存。其他逐一次之。因此，要激励人的动力并刺激使之加强，是必须的，越发展越需要刺激。在动力的激励上，要设法永远使之处在生存线这个层面上，永远不让他的生活享受处在稳定状态——可以享受，但就是不稳定、不保险、不安全——他就不得不努力（比如一夜间可以是巨富，也可以一夜间让其变成乞丐），这种不稳定不是别的，就是一点，只要不努力就会摔下来；这种不安全也不是别的，而是职业与职位不保全，竞争是随时存在的。这样才能迫其好好工作，否则可能出现"生存危机"，至少也是"享受危机"。竞争、诱导和回报的综合办法、系统组合，可以达到这个目的！人是一种高级动物，高级动物也是动物，动物的激励方式有相同性。有些时候，我们是自己把自己太当人了，而制造出了许多错误的理论，从而导致了人的创造力的下降。

记住：要想成大事，必须激活自己的动力，消除自己的惰性。这一条自我激励的方法，千万不要丢掉！

14 缺乏目标，每天生活都会粗糙

·成功的有效忠告·

在人生海洋中，大约有95%的船是无舵船。外国有句谚语："有一天好好思考，胜过一周的蛮干徒劳。"

心理学实验证明，太难和太容易的事，都不容易激起人的兴趣和热情，只有比较难的事，才具有一定的挑战性，才会激发人的热情行动。

人世间各式各样的"人"的系统也有同样机能、同样特征。当目标设定以后，人的“自我动机确立系统”立即开始“监视”与目标有关的反馈信号，并对意识下的“自动机”装置里的“自我形象”进行调整，同时下达实际目标所需要的各种“决定”。如果制定计划的意图含糊不清，或者选定的目标过分脱离实际，那么“人”的系统就会寻来找去，徘徊不定，白白消耗自己，甚至自我灭亡。

曾有人巧妙地把人比喻为一条船。在人生海洋中，大约有95%的船是无舵船。他们总是漫无目的地漂泊，面对风浪海潮的起伏变化，他们束手无策，只有听其摆布，任其漂流。结果他们要么触岩，要么撞礁，以沉没而告终。

还有约5%左右的人，他们有方向、目标，又研究了最佳航线，同时学习了航海技巧。这些船从此岸到彼岸，从此港到彼港，有计划地行进。那些无舵船一辈子航行的距离，他们只要两三年就达到了。他们像现实中的船长一样，既熟知下一个停泊或通过的港口，也深知航船的目的地。即使航行的目的地暂不明确（譬如探险航行），也能清楚地知道目标的特性、目的地上应有什么和现在航行在什么水域。如果出现狂风巨浪，或者其他意想不到的天灾人祸，他们不会慌张，因为他们知道，只要把应做和能做的都做到，那么抵达目的地就是确定无疑的事。

人生需要仔细规划，没有仔细规划的习惯，只能使自己每天过粗糙的生活。成大事者的习惯之一是善于在自己的人生规划图上精打细算！

曾经有两名瓦工，在炎炎烈日下辛苦地建筑一堵墙，一名行路人走过，问他们：“你们在干什么?”

“我们在砌砖。”一个人答道。

“我们在修建一座美丽的剧院。”他的同伴回答。

后来，将自己的工作视为砌砖的瓦工砌了一生的砖，而他的同伴则成了一位颇具实力的建筑师，承建了许多美丽的剧院。

为什么同是瓦工，他们的成就却有着如此巨大的差别？其实，我们从他们两人不同的回答中，已经可以看到他们之间不同的人生态度——前者把工作仅仅当成工作而已，后者则把工作当作一种创造；前者在那儿只知道把一块块砖砌到墙上去，别的一概不知不问，后者不仅是在把砖砌到墙上去，而且他的目的很明确，要修建一座美丽的剧院。

两个人在做同样的工作，一个有目标，一个无目标，这就是造成两人成就不同、命运迥异的根本原因。

有一位哲人说过："最蹩脚的建筑师从一开始就比最灵巧的蜜蜂高明的地方，是他在用蜂蜡建筑蜂房以前，已经在头脑中把它建成了。"

这种对自己的未来进行设计、规划的过程就是事业目标策划的过程。

目标不但使我们的行动有依据，人生有意义，还能激励我们的斗志，开发我们的潜能。

这仿佛是个定律。在人生的前方设定一个目标，并且把它不仅当作是一个理想，同时也把它当作是一个约束，就像跳高，只有设定一个高度目标，才能跳出好成绩来。

"人"的基本行动系统，在"设计阶段"就被确定是"目标探求型"的系统。它的基本部分似乎与自动诱导鱼雷系统或自动操纵装置系统类似。例如，一旦确定了目标，自动推进系统就自动跟踪目标地区的反馈信号，随时调整和修正航海诱导计算机设定的路线，决定击中目标前一切必要的即时行动。

人生的败者在其一生中从未达到过自我解放，从未作过给自己以人身自由的决断。即使在最自由的社会里，他们也不敢决定自己的人生如何度过。他们去工作是为了看看世上又发生了什么事情。他们宝贵的时间和精力，都浪费在观看别人如何实现自己的目标上了。

人生的成功者往往从起步时就有了生活目标。应成为一个什么样的人？将誓死捍卫的是什么？当自己离世以后，能为后者留下些什么？——成大事者思索，并且明达。

成大事者很清楚，按阶段有步聚地设定目标是如何重要。"五年计划"，"一年计划"，"六个月达标"，"本年度夏季运动会的目标"等等。然而，成大事者之所以成为成大事者，最重要的原则——成大事是在一分一秒中积累起来的。

成大事者每天的目标，至少要在前一天的傍晚或晚间制定出来，还要为第二天应该做到的事情排出先后顺序，至少要写出六个以上的明确顺序的内

的水平上，就没有激励价值，也就谈不上成大事卓越。

（2）目标应尽可能具体明确，并限定时间

目标，或者三五年，或者一二年，有的短期目标可短到半年三个月。这样的中短期目标，如果还不具体明确的话，那等于没有目标。只有具体、明确并有时限的目标才具有行动指导和激励的价值。你要在特定的时限内完成特定的任务，你就会集中精力，开动脑筋，调动自己和他人的潜力，为实现目标而奋斗。如果没有明确具体目标和时限，任何人都难免精神涣散、松松垮垮。这样就谈不上成大事和卓越。

（3）目标需要不断调整修改

每年至少要作一次检查校对，对我们的各种目标作出必要的调整修改。情况是在不断地变化，当时制订的目标，是在当时的环境条件下形成的，如果环境条件变化了，难道你还能僵化固守在那个目标上吗？如果僵化保守，我们就很难发挥潜能、利用环境走向成大事。

（4）设立目标须全面衡量，切勿草率

设定目标，是我们走向成大事卓越的重大起步，必须配合具体的行动计划作充分的思考。目标将是我们行动的指南，如果目标错了，我们就会走错路，做无用功，浪费我们的宝贵时间和生命。因此，无论如何，我们不能在设立目标时草率行事。

设立目标时，要在自己的阅历、素质和社会环境条件与需要等诸多因素上反复琢磨、论证、比较，一定要把它当作人生最重要的事情来做，切勿草率，否则贻害自己。

（5）放胆一试，在实践中完善

制订目标是对未来的设计，肯定有许多把握不准的因素，如果我们不勇敢地进行试验、实践，我们就很难知道目标是否正确。“不入虎穴，焉得虎子”。一个目标是否恰当，往往需要在实践中不断完善。前面提到切勿草率对待确立目标，是要我们有认真的态度。对能把握的东西，进行仔细的分析、对还不能把握的东西，就必须先尝试实践，再不断完善。

另外，在设定目标时，还必须注意以下四点事项：

①写下你的目标。当你书写时，你的思维活动会自然地使目标在你的

记忆中产生一种不可磨灭的印象。

②给你自己确定时限，安排达到目标的时间。这一点的重要性在于激励你不断地向目标迈进。

③把你的目标订得高一些。达到目标的难易程度与你付出努力之间似乎有着直接的关系。一般说来，你把你的主要目标订得愈高，你为达到这个目标的所付出的努力也就愈大。

④胸怀壮志。树立人生更高的目标，不断地向自己提出更高的要求。因为很明显的事实是：更高的目标将激励人们发扬更高昂的战斗精神。

16 攫住进取之心

·成功的有效忠告·

当你订出你明确成大事的目标之时，就是你开始运用你个人进取心的时候了，开始执行你成大事的计划，组织你的智囊团。

个人进取心，是你实现克服习惯不可少的要素，它会使你进步，使你受到注意而且会给你带来机会。

在那些成大事者看来，个人进取心可以创造机会。巴尔塔是一位木匠的学徒，当他被派去建造衣橱时，他的周薪只在400美元。当完工后，看到他的客户对能善于利用空间以及他的手工品质而感到高兴时，巴尔塔想到了——个主意，他用从他第一位客户那儿赚到的工资，开了一家加州衣橱公司。

巴尔塔就凭着当时深受欢迎的"将拥挤的衣橱，转变成能有效利用的空间"的需求，在12年内就扩大成为全美拥有100多家加盟店的大企业。也引起其他衣橱制造业者一窝蜂跟进，巴尔塔便在1989年，将他的公司以

1200 万美金的价格卖给了威廉斯·索诺马。

巴尔塔可以作为一个木匠而感到满足，但他却能认清自己的能力，并获得远超过其他学徒梦想的成大事。随意放弃自己的目标，是一种不负责任的态度。你对自己都不负责任，还有谁能对你负责任呢？因此你一定要有这样一个习惯：不断用新目标来刺激自己的进取心。凡成大事者都时刻保持这样一个良好习惯。你想成大事，又不想保持这样的习惯，恐怕只是笑话！

在这个世界上，轻言放弃者比比皆是，他们不能像松下幸之助一样有一颗进取之心：

日本松下电器公司总裁松下幸之助，年轻时家庭生活贫困，必须靠他一人养家糊口。有一次，瘦弱矮小的松下到一家电器工厂去谋职。他走进这家工厂的人事部，向一位负责人说明了来意，请求给安排一个哪怕是最低下的工作。这位负责人看到松下衣着肮脏，又瘦又小，觉得很不理想。但又不能直说，于是就找了一个理由：我们现在暂时不缺人，你一个月后再来看看吧。这本来是个托辞，但没想到一个月后松下真的来了，那位负责人又推托说此刻有事，过几天再说吧，隔了几天松下又来了。如此反复多次，这位负责人干脆说出了真正的理由：“你这样脏兮兮的是进不了我们工厂的。”于是，松下幸之助回去借了一些钱，买了一件整齐的衣服穿上又返回来。这人一看实在没有办法，便告诉松下：“关于电器方面的知识你知道得太少了，我们不能要你。”两个月后，松下幸之助再次来到这家企业，说：“我已经学了不少有关电器方面的知识，您看我哪方面还有差距，我一项项来弥补。”

这位人事主管盯着他看了半天才说：“我干这行几十年了，头一次遇到像你这样来找工作的。我真佩服你的耐心和韧性。”结果松下幸之助的毅力打动了主管，他终于进了那家工厂。后来松下又以其超人的努力逐渐锻炼成为一个非凡的人物。

在成大事者的眼里，失败不只是暂时的挫折，失败还是一次机会，它说明你还存在某种不足和欠缺。找到它，补上这个缺口，你就增长了一些经验、能力和智慧，也就会离成大事越来越近。世界上真正的失败只有一种，那就是轻易放弃，缺乏进取。

在那些防止挫败者看来，个人进取心可以创造财富。贝斯和盖斯勒，是1960年费城一家电视公司的制作人。他们发现录影带比影片具有更强的市场适应性，虽然他们并非一流的制作专家，但他们决定开创自己的事业。

于是他们便成立了一家录影公司，由于他们无法制作一流的节目，故他们决定提供一些其他有价值的服务：他们提供最好的设备和空间，给其他制作公司使用。虽然他们很早就进入这一行，但是他们仍然面临竞争；为了占有市场，他们不惜冒风险和可能没有付款能力的人签约。

贝斯和盖斯勒也了解更进一步的道理，他们知道，他们的客户同样必须满足自己的客户，故除了提供设备空间之外，他们还提供客户一些最新技术，就像盖斯勒在接受《成大事杂志》访问时所说的："我们告诉客户他们可能想都没有想到的技术，他们得到好评，而我们得到付款。"

贝斯和盖斯勒的公司目前除了制成一些表演节目之外，还为录影技术人员提供训练讲座，他们还为一些公司，像IBM、花旗银行等，提供公司内部通讯服务，也就是提供将位于纽约、洛杉矶等不同城市的人员连线以便召开电视会议的服务。

贝斯和盖斯勒，并非最先洞察视讯系统在未来市场上会拥有一片天空的人，但由于他们有采取行动、制定计划、承担风险和提供他人没有提供的服务的进取心，故使得他们成为这一行的第一人，赢得了生存的优势。

在那些成大事者来看，个人进取心还可以创造进步。你成大事的明确目标可能是有一天自己当老板，但即使你志不在此，或是此成大事目标尚遥远，培养个人进取心还是会为你带来好处的。

艾美是一家子公司的行销策略人员，她看准了该公司视为失败的一项产品：白雪洗发精。它是一种价格低廉，而且不含添加剂的洗发精，这种洗发精没有华丽的包装，但却能吸引讲究价格的消费者。于是她决定再次为"白雪"全力以赴并将它再呈给管理阶层，并告诉他们"白雪"的价值所在。最后管理阶层接受了她的提议，而"白雪"竟成为该公司销售最好的洗发精之一。

由于“白雪”销售成大事，艾美成为该公司一家分公司的负责人。于是，她研创了一系列新的护发产品，而这些产品最后也都成了市场宠儿。

如今艾美已成为布瑞尔通讯的执行副总裁，该集团所从事的正是市场行销服务。由于她不断地以她的个人进取心为公司引进更多更好的产品，故她得到今天的职位可说是实至名归。她的公司同样也了解她愿意提供超过她应该提供的服务，哈佛商业学校也颁给她“马克斯和柯恩卓越零售奖学金”，而《美金和意识》杂志称许她为“前一百名商业职业妇女”之一。个人进取心使艾美获得认同、进步和选择工作的机会，赢得了生存的优势。

当你订出你明确成大事的目标之时，就是你开始运用你个人进取心的时候了，开始执行你成大事的计划，组织你的智囊团。尽管你会发现在执行成大事的计划过程中，你成大事的目标发生一些变化，但最重要的是“马上展开”你成大事的计划。

开始一项不甚完全成大事的计划，总比拖延行动要好得多，“拖延”是你发挥个人进取心的大敌。如果你一开始时，就让拖延变成一种习惯的话，那么它必将蔓延到日后你的每一项行动中。

尽一切努力使你成大事的计划付诸实现，并从错误中学习经验。别理会那些说你的行动是自毁前程的人的话。当卡内基决定将钢铁的单价，从每吨 140 美元降到 20 美元作为他进入钢铁业的目标时，曾受到许多人的嘲笑。而当卡内基达到他的目标时，那些曾经嘲笑他的人连一毛钱都没有赚到。

如果你需要别人的建议时，就付钱请教一些专家的意见吧！你从同事或朋友那里得到的“免费建议”将和你所付出的代价一样：什么也没有。

别让外在力量影响你的行动，虽然你必须对他人的惊讶，和你面对的竞争做出反应，但你必须每天以你的既定计划为基础向前迈进。用你对成大事的想像来滋养你的强烈的欲望，让你的欲望热情燃烧，最好能烧到你的屁股，随时提醒你不可在应该起而行动时，仍然坐等机会，坐以待毙。

每当你完成一件工作时就应做一番反省，这是你所能做到的最好的成绩吗？如何能做得更好？何不现在就使自己更进一步？是否能够发挥个人进取心，应视你对于每次机会的觉醒程度，以及你是否能在发现机会时立即行动而定。

很明显的，个人进取心是一种要求甚多的特质，它的实践需要许多心理资源作为后盾。

17 继续贯彻到底的习惯

·成功的有效忠告·

成大事者总爱激发自己个人的进取心，并把这种习惯贯彻到每一天、每一个行动中。

如果你把在摸索中进取视为痛苦的话，这种习惯将决定你活得很累，并且会没有一点快乐感。相反，成大事者总爱激发自己个人的进取心，并把这种习惯贯彻到每一天、每一个行动中。你想，失去个人进取心，怎么因创造出人生真正的快乐——成大事的快乐呢？

在第二次世界大战时，凯萨以其造船速度和效率震惊全世界，他的成就之所以引人注目，是因为他在适应战争的需要。而他在造船之前根本没有造船经验，使他成大事的主要原因，就在于他具有个人进取心的特质和贯彻到底的习惯。

当他订购了一火车的钢料，并要求于既定日期在他的船坞交货时，首先确定钢料已完全按照既定的进度进行生产，同时也确定铁路已受到警戒，而且他的员工也都已准备好接受这批钢料。

他派人到工厂探查并且回报生产进度，最后他还随货出航，以确保不会发生任何差错或迟延的情形。因为凯萨非常注意细节的事情，所以，他的员工知道凯萨也希望他们具备这一特质。若在途中发生任何差错，员工被要求采取一切必要手段，来控制问题并设法弥补损失的时间。

凯萨坚强的个人进取心，成为许多人日常生活的模范。

（1）立刻付诸行动

在结婚之后，我才第一次去拜访找妻子的家人。火车停在离她的家乡两里远的地方，由于当时正下着倾盆大雨，所以我对那个地方的风光并没有什么印象，我对这种情况感到有些懊恼并问道："你们为什么不叫铁路局开一条直通城镇的支线？"

我的大舅子笑着告诉我，他们已经尝试了10年之久，但是铁路局始终不愿意花钱在当地的一条河上建一座桥。

"十年！"我惊讶地说，"怎么那么久，我可以在三个月内做好这件事。"

但是，我想这次我真的说错话了，因为在我的新家人面前说这种自夸的话，对他们来说无疑是一种挑衅。我想我真的必须要付诸行动了。雨停了之后，我和我的大舅子便走向河边。

我在河边看到一条十分老旧的木桥，桥上的公路属于郡道，铁路横过郡道，火车站位于河的另一头。每当火车驶过时，郡道上的人车便被拦下来，因而影响附近的交通。

"你看"，我说："很简单，客运列车付出1/3的造桥费用，因为旅客们会因为有了新的桥而直通城镇；政府付1/3的造桥费用，因为反正他们迟早必须把旧桥拆掉建新桥；货运列车也应付1/3的造桥费用，因为有了新桥后它们便可不再受到路面交通的影响，并因而避免因为人车排队等候火车通过所可能发生的交通意外事故。"

事情就是那样简单，我和我的大舅子一周之内，就取得三方当事人的同意，而新桥也在三个月之内就建造完成，从此以后这个城镇便有了客运火车的服务。

（2）积极的特质

我认识一位资质普通没有什么能力的人，他曾经做过铅管学徒工，因为他的老板认为他没有学习铅管的天赋，就把他派去当推销员，但他似乎也没有当推锁员的能力。

他写字写得很工整，所以他的老板再一次要他负责簿记工作，但他仍然没办法胜任。但是簿记员的工作使他了解盘点的重要性，所以他便"盘点"他自己，他认为自己具备了下列积极特质：

①储蓄习惯。

②正确计算费用的能力。

③不屈不挠的精神。

④引导他人和谐工作的能力。

他要如何善用他的这些积极特质呢？答案是很明显的。他自行开了一家铅管公司。他选好了地点，找到了技术一流的铅管工人并开始寻找客户。他在一年之内便将他们的工作时间表填得满满的。由于他都能以一流的铅管工，在预定费用范围内完成工作，故很快就在铅管界建立起良好的声誉——虽然他自己的铅管技巧很差。

这位老兄就是凭借个人进取心，成就了他一生中想成就的事业。先以订定明确目标作为开始，他一步一步地成立一个由技术员工所组成的工作团队，提供额外服务，最后获得成大事。如果他未能及时发现自己积极个性的话，那么他的老板很可能会开除他。这位老兄为自己创造了一个工作！

18 一步一个脚印

·成功的有效忠告·

也许你有十个、二十个，也许只有七八个，不管这些目标有没有可能实现，全部把它写下来；先不要设定期限，再从全部目标中选出四个最重要、最想要在今年达成的目标，再选出其中一个最重要的为核心目标。

很多人问：设定目标很重要吗？设定目标固然很重要，可是，“计划”更重要。

既然计划比目标来得重要，要达成目标就要有详细的计划。

当你列出目标之后，请你列出一个详细的计划，把计划依照优先顺序排列好，这样会使你达成目标的机率大幅度地提升，这也是每个成大事者所做的事情。

“一步一个脚印”，这个道理不知道被重复过多少遍。在此，我们希望你也能深知其道，把自己人生的目标分阶段地实施，切忌有一下到位的想法。没有这样一个分阶段的习惯，可能会在某一时段里摧毁你的身心。成大事者的良好习惯是有大目标，也有小目标，用小目标组合大目标！

对于一些事物的把握，确实需要实实在在的东西。我们在十几岁的时候就知道，自己要有远大的梦想，要有巨大的目标，我们每天想办法要达成这些目标，却不见成效；也许每个月我们都希望下个月自己一定会成大事，一定会实现自己的梦想。

结果真的实现了吗？答案是没有。

我们不断地阅读成大事的书籍，不断地上各种成大事的课程，这些书籍和课程都告诉我们：“每一个成大事的人都有伟大的梦想。”我们照着他们的方法去做，可是却没有成大事，这到底是为什么呢？

记住！梦想一定要远大，但是，设定的目标一定要合理。

我们往往并不了解，大成大事是由小成大事所累积，大目标的达成是由小目标的达成所累积出来的；每一个成大事的人，都是在达成无数的小目标之后，才实现了他们伟大的梦想。

市场上有非常多的书籍、录音带或是课程，误导了那些想要成大事的人，它们教导他们要天天想远大的梦想，可是他们却没有成大事，造成他们非常大的挫折感，因此有百分之九十九的人，在还没有成大事之前就放弃了。

不放弃，就一定有成大事的机会，如果你放弃，就已经失败了。

有些人会问，上一些培训成大事的课程，看一些成大事者的书籍，就一定会成大事吗？

其实在自我成长的过程中，不断地上课，不断地进修，并不一定会保证你成大事；但是缺乏自我成长，缺乏资讯的累积增加，一定会失败的。

记住！每一个目标和梦想，都要设定一个期限。

很多人学着设定目标，一定会先拟定一大堆目标，然而却没有设定具体合理的期限，这些目标是不会达成的。

一个没有期限的梦想或是目标，效果是非常有限的。

布卡曾经设立过非常多的目标，从 17 岁开始，他每年设定十个目标，一直到他 21 岁，总共设立了 40 个目标，但是，却没有一个实现，原因就是这些目标当中：

第一，是不合理的；

第二，是没有期限；

第三，缺乏详细的计划；

第四，没有天天衡量进度。

他做了所有失败者应该做的事情，那时候，他是注定要失败的；假如那个时候成大事的话，他也会有很大的问题，一定是侥幸得来的运气。

千万不要靠运气过生活，一定要靠目标和计划过生活，这是成大事者必备的条件，也是每一个成大事者不断在做的事情。每一个成大事者都有明确的目标，也都有伟大的梦想，同时他们都具有具体可达成的计划和期限。

那应该如何设定自己的目标呢?

也许你有十个、二十个，也许只有七八个，不管这些目标有没有可能实现，全部把它写下来；先不要设定期限，再从全部目标中选出四个最重要、最想要在今年达成的目标，再选出其中一个最重要的为核心目标。

所谓核心目标，就是你在今年最想达成的目标，假如今年只能够完成一个目标，就选那一个；选出核心目标之后，再把其他三个依照优先顺序排列；当你完成这些步骤时，你已经有四个非常明确的目标，而且是依照优先顺序来排列的。

有百分之九十的人设立目标，可是他们没有排定优先顺序，因此他的时间管理不当，时常在同一个时间做非常多的事情，而且效率不佳。

他们非常忙碌，感觉到非常大的压力，可是当目标达成时，却没有很大的成就感，原因就出在他们没有排定目标的优先顺序。

列出优先顺序后，下一个是要订出具体的完成期限。

每一个目标都需要有具体完成的期限，然后再把每一个期限分割出每一个月的工作——如果你七月份要达成核心目标，那要制定在一月份要达成哪些事情，在二月份要达成哪些事情，三月份要达成哪些事情，四月份要达成哪些事情，在五月份要达成哪些事情等等。

这样的一个规划方式，会让你的生活更有系统，更有组织，你会感觉凡事更轻松、更能够事半功倍；达成目标的机率，也会有非常大的提升。

排出优先顺序，设定具体完成期限，是设定目标的重要概念，它实在是太重要了，使用过的人都知道它很有效，如果你还没有使用过，不妨今天就试试看。

假设你是一个初学者，从来没有设定过任何的目标，你可以从这个礼拜的目标开始设立，先列出这个礼拜要完成的目标，依照优先顺序排列，选出最重要的目标？从今天开始就设计一个计划，然后往这个目标前进。

19 及时调整目标

·成功的有效忠告·

两颗同样的种子由于落在不同的地方，一颗长成蓬勃茂盛的参天大树，一颗长得瘦枝细叶、异常矮小。可见，环境对事物、对人的影响力也不容轻视。

目标是一种方向，需要恰当地选择。假如你的一个目标发生了问题，应当更换另一个目标，这样才能重新确定自己的强项！

1888 年，作为银行家的里凡·莫顿先生成为美国副总统候选人，一时声名赫然。1893 年夏天的某个时候，美国一位部长詹姆斯·威尔逊先生到华盛顿拜访里凡·莫顿。在谈话之中，威尔逊偶然问起莫尔腾是怎样由一个布商变为银行家的，里凡·莫顿说：

“那完全是因为爱默生一句话。事情是这样的：当时我还在经营布料生意，业务状况比较平稳。但是有一天，我偶然读到爱默生写的一本书，爱默生在书中写的这样一句话映入了我的眼帘：‘如果一个人拥有一种别人所需要的特长，那么无论他在哪里都不会被埋没。’这句话给我留下了深刻的印象，顿时使我改变了原来的目标。”

“当时我做生意本来就很守信用，但是与所有商人一样，难免要去银行贷些款项来周转。看到了爱默生的那句话后，我就仔细考虑了一下，觉得当时各行各业中最急需的就是银行业。人们的生活起居、生意买卖，处处都需要金钱；天下又不知有多少人为了金钱，要翻山越岭、吃尽苦头。”

“于是，我下决心抛开布行，开始创办银行。在稳当可靠的条件下，我尽量多往外放款。一开始，我要去找贷款人，后来，许多人都开始来找我了。由此可见，任何事情，只要脚踏实地地去做，不可能会失败。”

自古以来，不知有多少人因为一生干着不恰当的工作而遭到失败。在这些失败者中，有不少人做事都很认真，似乎应该能够成功，但实际上却一败涂地，这是为什么呢？原因在于，他们没有勇气放弃那耕种已久但荒芜贫瘠的土地，没有勇气再去找那肥沃多产的田野，所以，只好眼看着自己白白花费了大量的精力，消耗了宝贵的光阴，但仍然一事无成。其实，他们早该知道，这完全是由于他们没有找到适合自己的工作，但他们可能仍然糊里糊涂，继续过着浑浑噩噩的日子。

如果你以相当的精力长期从事一种职业，但仍旧看不到一点进步、一点成功的希望，那么你就应该反思一下：从自己的兴趣、目标、能力来说，自己究竟是否走错了路？如果走错了路，就应该及早掉头，去寻找适合自己、更有希望的职业。

如果你所从事的事业一直没有成功的希望，那就不必再浪费时间了，不要再无为地消耗自己的力量，而应该再去寻找另一片沃土。

当然，在你重新确定目标、改变航向之前，一定要经过慎重的考虑，尤其不可三心二意，不可以既要抱着这个又想要那个。在美国西部，有一位著名的木材商人，他曾经做了四十年的牧师，可是一直无法成为一个胜任而出色的牧师。他考虑再三后，对自己的优势和弱点有了重新的认识，于是立刻改变目标，开始经营商业。他从此一帆顺风，最终成为一个全国有名的木材商人，富甲一方。

两颗同样的种子由于落在不同的地方，一颗长成蓬勃茂盛的参天大树，一颗长得瘦枝细叶、异常矮小。可见，环境对事物、对人的影响力也不容轻视。

一个人由于找错了职业以致不能充分发展自己的才干，这实在是件可惜的事情。但是，只要他能够认识到这个问题，就算晚了一些，也仍然有东山再起的希望。只要找到正确的方向，就完全有可能走上成功之路。到那时，他一定会感到自己的生活和思想都焕然一新，似乎变成了一个新人一般。

20 切勿“守度坚持”

·成功的有效忠告·

坚持是一种良好的品性，但在有些事上，过度的坚持，会导致更大的浪费。

一个人要想获得事业上的成功，首先要有目标，这是人生的起点。没有目标，就没有动力，但这个目标必须是合理的，即合乎实际情况；如果不是，那么，即使你再有本事，付出千百倍努力，也不会获得成功。

诺贝尔奖得主莱纳斯·波林说：“一个好的研究者知道应该发挥哪些

构想，而哪些构想应该丢弃，否则，会浪费很多时间在差劲的构想上。"有些事情，你虽然用了很大的努力，但你迟早要发现自己处于一个进退两难的地位，你所走的研究路线也许只是一条死胡同。这时候，最明智的办法就是抽身退出，去研究别的项目，寻找成功的机会。

牛顿早年就是永动机的追随者。在进行了大量的实验失败之后，他很失望，但他很明智地退出了对永动机的研究，在力学研究中投入更大的精力。最终，许多永动机的研究者默默而终，而牛顿却因摆脱了无谓的研究，而在其他方面脱颖而出。

在人生的每一个关键时刻，要审慎地运用智慧，做最正确的判断，选择正确方向，同时别忘了及时检视选择的角度，适时调整。放掉无谓的固执，冷静地用开放的心胸做正确抉择。每次正确无误的抉择将指引你走在通往成功的坦途上。

当你确定了目标以后，下一步便是鉴定自己的目标，或者说鉴定自己所希望达到的领域。如果你决心做一下改变，就必须考虑到改变后是什么样子；如果你决定解决某一问题，就必须考虑到解决中可能遇到的困难是什么。

当描述了理想的目标以后，你必须研究一下达到该目标所需的时间、财力、人力的花费是多少，你的选择、途径和方法只有经过检验，方能估量出目标的现实性。你或许会发现自己的目标是可行的，否则，你就要量力而行，修改自己的目标。

有许多满怀雄心壮志的人毅力很坚强，但是由于不会进行新的尝试，因而无法成功。请你坚持你的目标吧，不要犹豫不前，但也不能太生硬，不知变通。如果你确感到行不通的话，就尝试另一种方式吧。

那些百折不挠，牢牢掌握住目标的人，都已经具备了成功的要素。下面两个建议一旦和你的毅力相结合，你期望的结果便更易于获得。

（1）告诉自己"总会有别的办法可以办到"

每年有几千家新公司获准成立，可是 5 年以后，只有一小部分仍然继续营运。那些半路退出的人会这么说："竞争实在是太激烈了，只好退出为妙。"其实，问题的关键在于他们遭遇障碍时，只想到失败，因此才会失败。

你如果认为困难无法解决，就会真的找不到出路，因此一定要拒绝“无能为力”的想法。

(2) 先停下，然后再重新开始

我们时常钻进牛角尖而不知自拔，因而看不出新的解决方法。

成功者的秘诀是随时检视自己的选择是否有偏差，合理地调整目标，放弃无谓的固执，轻松地走向成功。

两个贫苦的樵夫靠着上山捡柴餬口，有一天在山里发现两大包棉花，两人喜出望外，棉花价格高过柴薪数倍，将这两包棉花卖掉，足可供家人一个月衣食无虑。当下两人各自背了一包棉花，便欲赶路回家。

走着走着，其中一名樵夫眼尖，看到山路上扔着一大捆布，走近细看，竟是上等的细麻布，足足有十多匹之多。他欣喜之余，和同伴商量，一同放下背负的棉花，改背麻布回家。

他的同伴却有不同的看法，认为自己背着棉花已走了一大段路，到了这里丢下棉花，岂不枉费自己先前的辛苦，坚持不愿换麻布。先前发现麻布的樵夫屡劝同伴不听，只得自己竭尽所能地背起麻布，继续前行。

又走了一段路后，背麻布的樵夫望见林中闪闪发光，待近前一看，地上竟然散落着数坛黄金，心想这下真的发财了，赶忙邀同伴放下肩头的棉花，改用挑柴的扁担挑黄金。

他的同伴仍是那套不愿丢下棉花，以免枉费辛苦的论调；并且怀疑那些黄金不是真的，劝他不要白费力气，免得到头来空欢喜一场。

发现黄金的樵夫只好自己挑了两坛黄金，和背棉花的伙伴赶路回家。两人走到山下时，无缘无故下了一场大雨，两人在空旷处被淋了个湿透。更不幸的是，背棉花的樵夫背上的大包棉花，吸饱了雨水，重得已无法背动，那樵夫不得已，只能丢下一路辛苦舍不得放弃的棉花，空着手和挑金的同伴回家去。

一个非常干练的推销员，他的年薪有六位数字。很少有人知道他原来是历史系毕业的，在干推销员之前还教过书。

这位成功的推销员这样回忆他前半生的道路：“事实上我是个很没趣

味的老师。由于我的课很沉闷，学生个个都坐不住，所以，我讲什么他们都听不进去。我之所以是没趣的老师，是因为我已厌烦了教书生涯，对此毫无兴趣可言，但这种厌烦感却在不知不觉中也影响到学生的情绪。最后，校方终于解聘了我，理由是我与学生无法沟通；其实，我是被校方免职的。当时，我非常气愤，所以痛下决心，走出校园去闯一番事业。就这样，我才找到推销员这份自己胜任并且感觉愉快的工作。

"真是'塞翁失马，焉知非福。'如果我不被解聘，也就不会振作起来！基本上，我是很懒散的人，整天都病恹恹的。校方的解聘正好惊醒我的懒散之梦，因此，到现在为止，我还是很庆幸自己当时被人家解雇了。要是没有这番挫折，我也不可能奋发图强起来，而闯出今天这个局面。"

坚持是一种良好的品性，但在有些事上，过度的坚持，会导致更大的浪费。

历史上的永动机，就使很多人投入了毕生的精力，浪费了大量的人力物力。因此，在一些没有胜算把握和科学根据的前提下，应该见好就收，知难而退。

有人认为：如果没有成功的希望，而去屡屡试验是愚蠢的、毫无益处的。

有的人失败，不是没有本事，而是定错了目标。成功者为避免失败，时刻检查目标是否合乎实际，是最主要的。

21 立即对欲望加工

·成功的有效忠告·

假使对某一件事，你发觉自己有着拖延的倾向，你应该直跳起来，不管那事怎样的困难，立刻动手去做不要畏难、不要偷安。这样久而久之，你自能改变那拖延的倾向。

获得卓越欲望仍然不够，因为获得欲望只占整个解决问题过程的1/10，其余9/10则是对欲望的善后工作，立即对欲望进行加工。欲望只有与行动结合，才会走向成功。

凡是晓得自己需要什么，晓得从目前所处的地位达到内心所想要的地位要经过什么路程，而且不易觉得自满，那么，这样的人就可成就事业。那么一个人怎么晓得他需要什么呢？那些大人物的伟大志愿不是与生俱来的，他们是根据许多经验，以及留心别人所未见到的，而造就出来的；他们是因为不满足现在，自我觉悟出来的。

每天有每天的事。今天的事是新鲜的，与昨日的事不同，明天也有明天的事。今天之事应该就在今天做完，千万不要拖延到明天，拖延的习惯有碍于人做事。

过度郑重与缺乏自信是做事的大忌。在兴趣热忱浓厚的时候做一件事，与在兴趣热忱消失了以后做一件事，其间的难易、苦乐真不知相差多少！在兴趣热忱浓厚时，做事是一种喜悦；兴趣热忱消失时，做事是一种痛苦。

搁着今天的事不做而想留着明天做，就在这个拖延中所耗去的时间、精力，实际上能够将那件事做好。做以前积压下来的事，会觉得多么的不愉快而讨厌！在当初可以很愉快容易地做好的事，拖延了数日数星期之后，就会显得厌烦与困难了。接到信件，应该立刻作复，最为容易。因此有的机关、公司中订下规则，不准任何来函隔夜不复。

命运无常，良缘难再！在我们一生中，每人都有良机佳遇的到来，但总是一瞬即逝。我们当时不把它抓住，以后就永远失掉了。

有计划而不去执行，使之烟消云散，这对于我们的品格力量会产生非常不良的影响。有计划而努力执行，这就能增强我们的品格力量。有计划不算稀奇，能执行订下的计划才算可贵。

一个生动而强烈的意象、观念闪入一位作家的脑海，生出一种不可阻遏的冲动——要想提起笔来，将那美丽生动的意象、观念移向白纸。但那时他或许有些不方便，所以没立刻去写。那个意象不断地在他脑海中活跃、催促，然而他还是拖延。后来那意象便逐渐地模糊、暗淡了，最终整个消失！

一个神奇美妙的印象突然闪电一般地袭入一位艺术家的心胸，但是他不想立刻提起画笔将那不朽的印象绘在画布上。这个印象占领了他全部的心灵，然而他总是不立即跑进画室埋首挥毫。最后这幅神奇的图画，会渐渐地从他的心版上淡去。

为什么这些印象、冲动是那样的来去无踪？其来时，是那样的强烈而生动？其去时，是那样的迅速而飘忽？

就是因为这些印象之来，原是要我们在当初新鲜灵活时，立刻就去利用它们的，拖延往往会生出悲惨的结局。凯撒因为接到了报告没有立刻展读，遂至一到议会便丧失了生命；拉尔大佐正在玩牌，忽然有人送来一个报告，说华盛顿的军队，已经进展到拉华威，他将来件塞入衣袋中，牌局完结他才展开那报告，他立刻调集部下、出发应战，但时间已经太迟了，结果全军被掳，而他本人也以身殉国。仅仅是几分钟的延迟，使他丧失了尊荣、自由与生命！

应该就医而拖延着不去就医，以致病情严重而不能再被医治，这样的人为数不少吧！习惯之中以误人的无过于拖延的习惯，世间有许多人都是为此种习惯所累而至陷入悲境。拖延的习惯，最能损害及减低人们做事的能力。

你应该极力避免拖延的习惯，像避免一种罪恶的引诱一样。

假使对某一件事，你发觉自己有着拖延的倾向，你应该直跳起来，不管那事怎样的困难，立刻动手去做不要畏难、不要偷安。这样久而久之，你自能改变那拖延的倾向。

应该将“拖延”当作你最可怕的敌人，因为他要窃去你的时间、品格、能力、财富与自由，而使你成为他的奴隶。

要医治拖延的习惯，其惟一方法，就是事务当前，立刻动手去做。多拖延一分，就足以使那事难做一分。

“要做立刻做去！”这是成功人士的格言。凡是将这句格言作为座右铭的青年，永不会有悲惨的结局。

以前日军侵占马尼拉时，菲律宾海军的一名文职雇员被捕了。他被关进一个旅馆，两天后又被送往一个集中营，他叫哈蒙。就在到达集中营的第一天，哈蒙看见一个难友的枕头底下有一本书。他向难友借了这本书。这本书叫做《人人都能成功》。在哈蒙阅读本书之前，他的情绪很坏。他恐惧地望着在那个集中营里可能遭受的折磨，甚至死亡。但是，当他读了这本书时，他就被希望所鼓舞了。他渴望拥有这本书，让它同自己一起去迎接前面那些可怕的日子。哈蒙在同难友讨论《人人都能成功》中的问题时，认识到这本书是他自己一笔巨大财富。

"让我抄这本书吧！"他说。

"当然可以。你开始抄吧！"这是回答。

哈蒙立即开始抄书。一字又一字，一页又一页，一章又一章，他紧张地抄着。他时刻感到有可能随时失去这本书的苦恼；这本书会在任何时候被拿走，这种苦恼激励他日夜工作。真是幸运，哈蒙在抄完这本书的最后一页后不久，他就被转移到臭名昭著的圣多·托玛斯城集中营。哈蒙之所以能及时完成抄书工作，乃是因为他及时开始这项工作。哈蒙在三年零一个月的囚犯生活中随时都带着这本书，把它读了又读。这本书给他丰富的精神食粮；鼓舞他产生勇气，制订未来计划，保持和增进心理和生理上的健康。

圣多·托玛斯监狱的囚徒在生理和心理上永远受不了伤害——他们恐惧现在，恐惧未来。

"但是，我在离开圣多·托玛斯时觉得好多了。在那儿我更好地为生活作了准备，心理上也更活跃些。"哈蒙说。

在他的谈话中，你可感受到他的主要思想："成功必须不断地实践，否则它会长上翅膀，远走高飞。"

四 抓住一次"机遇"术

机遇是成功者必须依靠的外部条件，但它又掌握在成功者的手中。抓住机遇，能让你迅速获得成功的一大资本。

22 机遇不会主动“暗送秋波”

·成功的有效忠告·

对懒惰者而言，即使是千载难逢的机遇也毫无用处，而勤奋者却能将最平凡的机会变为千载难逢的机遇。

机遇藏在哪儿？很多人不善于培养自己发现眼前机遇的习惯，总以为机遇远在他方。成大事者都是有心者，都习惯发现眼前的机遇，因为机遇是不会主动“暗送秋波”的。

在生活中我们常常会舍近求远，到别处去寻找自己身边有的东西。而往往，机遇就在您的脚边，正确地讲，是在您的眼里、手里。

“那天晚上碰到了不幸的‘中美洲’号。”一位船长讲述道，“天正渐渐地黑下来。海上风很大，海浪滔天，一浪比一浪高。我给那艘破旧的汽船发了个信号打招呼，问他们需不需要帮忙。‘情况正变得越来越糟糕。’亨顿船长朝着我喊道。‘那你要不要把所有的乘客先转到我的船上来呢？’我大声地问他。‘现在不要紧，你明天早上再来帮我好不好？’他回答道。‘好吧，我尽力而为，试一试吧。可是你现在先把乘客转到我船上不更好吗？’我回答他。‘你还是明天早上再来帮我吧。’他依旧坚持道。我曾经试图向他靠近，但是，你知道，那时是在晚上，夜又黑，浪又大，我怎么也无法固定自己的位置。后来我就再也没有见到过‘中美洲’号。就在他与我对话后的一个半小时，他的船连同船上那些鲜活的生命就永远地沉入了海底。船长和他的船员以及大部分的乘客在海洋的深处为自己找到了最安静的坟墓。”

亨顿船长在曾经离他咫尺却被他忽略了的机遇变得遥不可及的时候才

意识到这个机会的价值，然而，在他面对死神的最后时刻，他那深深的自责又有什么用呢？他的盲目乐观与优柔寡断使得多少乘客成为了牺牲品！其实，在我们的生活当中，又有多少像亨顿船长这样的人，他们在最欢乐的时刻又是多么地易受打击，多么的盲目，在命运的面前又是多么的软弱无力啊！只有在经历过之后，他们才顿然清醒地明白那句古老的格言：机不可失，时不再来。然而，这时已经迟了。

这种人在他们着手的事情上总是不能很好地把握时机，要么是太早了，要么是太迟了。“这些人都有三只分开的手。”约翰·古夫这么说，“一只左手，一只右手，还有一只迟到之手。”在他们还是孩子的时候，他们就老是迟到，做家庭作业和交作业也总是比别人要晚。就这样，他们迟到的习惯慢慢地养成了。

到了现在，需要他们承担责任的时候，他们才开始后悔，他们想如果能再回到从前，让生命再来一次的话，他们一定会好好地把握住机会，也许他们还会有一个崭新的明天。他们又回忆起以前，自己曾经白白浪费了多少可以赚钱的机会，或是白白放过了多少可以弥补这些损失的机会，而现在却是已经无法弥补了。他们懂得该如何在将来改善自己的生活，完善自身，或是帮助别人；然而，他们却看不到此时此刻有什么机会。他们永远无法抓住机会，无法把握机会。

乔·斯托克是餐车上的司闸员，铁路上的人都非常喜欢他，旅客们也非常喜欢他。因为他总是乐呵呵的，无论你问他什么问题，他都快乐地回答。但是，他没有意识到自己作为一个司闸员的真正职责是什么。

他总是过得过于松散，有时候还喝点酒。要是有人向他提意见的话，他就绽放出他那特有的灿烂微笑，用极其平和的语调说：“谢谢你的关心，没关系的，我感觉好极了，不用担心。”他的语调是那么的平和，那么的轻描淡写，连提醒他的朋友都觉得自己是不是有点小题大做，将危险夸张了。

在一个寒冷的晚上，路上遇到了大风暴，他们的火车晚点了。乔开始不停地发着牢骚，抱怨这个鬼天气给自己带来了许多额外的事情，他不时偷偷地从一个小瓶子里往嘴里倒一点酒。不一会儿，他开始兴奋起来，变得很高兴，又开始说说笑笑了。而火车上的列车员与司机一直都保持着高度的警惕，密切地注视着路面情况与天气变化。

就在火车行驶到两个火车站中间的时候，火车猛然间停下了。原来是火车引擎的汽缸盖爆裂了。情况非常的危急，因为过几分钟就有一辆快车要从同一条轨道上经过。列车员飞快地跑到后车厢中去，告诉乔赶快打开红灯让火车向后退。这个司闸员哈哈大笑，说："不用急，不用急，等我把外衣穿上再说。"

列车员非常严肃地对他说："一分钟也不能耽搁了，乔，那辆快车就要开过来了。"

"好，好，好。"乔微笑着答应说。于是，列车员又匆匆往前跑回到司机那儿。

可是，这位司闸员并没有立刻做这件事。他先停了下来，穿好他的外衣。然后，又把那一小瓶酒掏出来喝了一口，想这样可以御寒。做完了这些后，他才慢吞吞地拿起灯笼，一边自在地吹着口哨，沿着火车轨道悠闲地踱着步子。

他走了还没有十步远的时候，就听见了那辆快车呼啸而来的声音。他拼命地往拐弯处跑，然而，已经太晚了。可怕的事情发生了，那辆飞驰的列车一下子撞在了停着的餐车上，将餐车挤成一团：旅客的尖叫声与蒸汽的嘶嘶声交织在一起，一片混乱，一片狼藉。

后来，人们想起来了，问乔哪儿去了。他失踪了。但是，人们第二天在一个谷仓里找到了他。他已经变成了一个疯子，手里还拿着一个空荡荡的灯笼，朝着他幻想中的火车不停地喊着："嗨，看见我有这个吗？"

他被带回了家。后来，他又被送进了疯人院。在疯人院里，再也听不到比这更凄厉的声音了："嗨，看见我有这个吗？嗨，看见我有这个吗？"这个可怜的人就这样一遍又一遍地喊着。他那散漫的习惯和自我放纵夺去了许许多多无辜者的宝贵生命。

"嗨，看见我有这个吗？"或是"嗨，看见我没有这个吗？"这都是许多人无声地呐喊，他们甚至愿意用自己的生命去换得一个机会，一个能够让他们重来一次以弥补自己已犯下的错误的机会。

“在我们的生命中，总有一些时刻能抵得上许多年的时间。”迪恩·阿尔福特曾经这样说过，“我们对此毫无办法。无论是就重要性而言还是就价值而言，世界上没有什么能够与时空相比。一个小小的失误，可能就发生在五分钟内，然而，这就涵盖了一个人的一生。可是，谁又能够预料到，这个时候就是我们生死攸关的时刻呢？”

“我们所说的转折点，”阿诺德这样说，“其实就是以前点点滴滴的积累突然间爆发出来的时刻而已。对于那些善于利用这些时刻的人来说，这些偶然间出现的情况是至关重要的。”

我们的问题就在于，我们总是在一刻不停地寻找那些所谓的“重要”机遇，希望靠一个“机会”来达到致富或成名的目的。对于爱默生所指出的“浅薄的美国主义”，我们一直都不曾真正理解。我们不想有什么锻炼或做什么学徒工，我们只想成为大师级的人物；我们不想学习，只想获得知识；我们不想实干，只想有巨大的收获。

年轻的女士们和先生们为什么会整日无所事事地在优游闲逛呢？是这块土地在你们出生之前就已经没有了任何工作机会了吗？是这个星球已经不再进步，停滞不前了吗？是所有的位子都已经被占满了，还是所有的职位都已经有人了？是所有的机会都已经消失了，还是你们国家所有的资源都已经挖掘出来、都已经枯竭了？是人类已经掌握了大自然的所有奥秘了，还是你找不到什么方法来利用正在流逝的时光完善自己、造福他人？是由于当今社会竞争太激烈太残酷，从而让你心灰意冷，只想躲在一个盒子里，得过且过地度过平凡而又卑微的一生。

不要等待你的机会出现，而要创造机会——就像那个牧羊的孩子弗格森用一串串的珠子来计算天上的星星一样为自己创造机会，就像乔治·史蒂芬森在肮脏的煤矿马车旁用粉笔来得出一个数学定律一样去创造机会，就像拿破仑在近百种“不可能”的情况下为自己创造出了成大事一样去创造机会。

要像战争或和平时期所有的伟大领导者一样，去创造出非同寻常的机遇，直至达到成大事。对懒惰者而言，即使是千载难逢的机遇也毫无用处，而勤奋者却能将最平凡的机会变为千载难逢的机遇。

23 学习蜘蛛精神

·成功的有效忠告·

播种机会就像蜘蛛布下八卦阵般的蛛网一样，捕捉飞来的猎物将是指日可待。

蜘蛛为了捕获猎物，总善于先织好网，等待猎物到来。这是把成功的机会掌握在自己的身上。这就是“蜘蛛精神”。

常有人发如此感慨：“如果给我一个机会，我也能……”，他们把自己的命运系在一个等来的机会上，他们当然总也不会成功，他们可能至今仍在抱怨自己的命运。

没有人会主动给你送来机遇，机遇也不会主动来到你的身边，只有你自己去主动争取。成大事者的习惯之一是：有机会，抓机会；没有机会，创造机会。

生活并不缺少机遇，而是缺少发现机遇、抓住机遇的素质。如果有了很高的素质，即使生活没有机遇，也能创造机遇。

一家英国鞋厂和一家美国鞋厂，各派了一名推销员到太平洋的一个岛屿去做推销工作。上岛后，他们各自给鞋厂打回一封电报。英国推销员那封电报是：“这座岛上的人不穿鞋，明天我就搭头班飞机回来。”另一封电报是：“棒极了，这个岛上的人都还没穿上鞋子，潜力很大，我将常驻此岛。”面对同样的状况，一个看到的是“失望”，一个看到的是“机遇”。可见，素质不高的人就是机遇摆在面前也不知道，而素质高的人就连别人看不到的机遇也能发现。生活中许多人总是埋怨没有机遇，实际上该怪自己素质不高。许许多多的机遇就在你的眼前，就看你是否有发现它们的素质。

素质高的人生就一双敏锐的眼睛，时时刻刻洞察着机遇，素质不高的人则恰恰相反。美国曾经掀起淘金热潮。淘金生活异常艰苦，最痛苦的是没有水喝。人们一面寻找金矿，一面不停地抱怨。

甲嘀咕：“谁让我喝一壶凉水，我情愿给他一块金币。”

乙宣布：“谁让我痛饮一顿，龟孙子才不给他两块金币！”

丙发誓：“老子出三块金币！！”

……

在这种抱怨声中，亚默尔发现了机遇：如果将水卖给这些人喝，比挖金矿更能赚到钱。于是他毅然放弃淘金，用挖金矿的铁掀去挖水渠，将水运到山谷，一壶一壶卖给找金矿的人。一起淘金的伙伴们都纷纷嘲笑他“不挖金子发大财，却干这种蝇头小利的买卖。”后来，那些淘金的人大多空手而回，很多人甚至忍饥挨饿、流落异乡，而亚默尔却在很短的时间内靠卖水发了大财。亚默尔发财的机遇并不是上苍帝赐给他一个人的：淘金者都深感没水喝的痛苦，人人都听到了那一片抱怨声，可是他们根本没有意识到这是机遇，甚至还嘲笑亚默尔的做法。生活中类似的事情还有很多很多。人们往往从表面上探寻成大事的原因，归之于条件，归之于机遇，而实际上起决定作用的是人的素质。亚默尔正是具有其他淘金者所没有的敏锐的洞察机遇的素质，决定了他能够发现、得到别人得不到的机遇。

大家都看过关于泰森打擂咬耳丑闻的报道。许多人看过去就算了，最多把它作为茶余饭后的谈资而已，谁能意识到这就是个发财的良机呢？想不到美国的一个巧克力商人在咬耳丑闻发生之后，赶紧推出了一种形状像耳朵的巧克力，上面缺了一个小角，象征着被泰森狠咬的那只著名的霍利菲尔德的耳朵，巧克力包装上还是有霍利菲尔德的大照。此举立刻使这个牌子的巧克力倍受世人关注，在诸多品牌的巧克力中脱颖而出。这个巧克力商人就这样一举发了大财！泰森咬耳丑闻，全世界十几亿甚至几十亿人都知道，但是发现这个发财良机的只有这个美国商人。

抓住机遇，首先必须发现机遇。生活中处处充满机遇。社会上的每一项活动，报刊上的每一篇文章，人际中的每一次交往，生活中的每一次转折，工作上的每一次得失等等，都可能给你带来新的感受、新的信息、新的朋友，全都可能是一次选择，一次机遇，是一次引导你走向成大事的契机，问题在于你自身的素质，在于你是否能发现每一次机遇。不要以为机遇难寻，其实机遇就在我们的身边，甚至就在我们的手上。

也许你不信，你会问机会究竟是什么呢？实质上机会是一种有利的环境因素，让有限的资源，发挥无穷的作用，借此更有效地创造利益。具体地说，在特定的时空下，各方面因素配合恰当，产生有利的条件；谁人最先利用这些有利条件，运用手上的人力、物力，从事投资，谁就能更快、更容易获得更大的成大事，赚取更多的财富。这些有利条件便是机会。

机会有三项要素，即资源、利益和条件的配合。

资源包括个人的知识、技能、人际关系的技巧、智慧、财富、胆量等等，也包括机构或企业的人才、资本、科技、设备、现有的产品或服务，诸如此类。

利益是机会的主要内容，也是创造机会的主要目标。一种条件如果不能为人们带来利益，那就不是机会。利益可以是金钱的收入、名誉的提升、形象的建立或改善；而建立声誉和形象最终也会带来金钱的收入。利益在不同行业里各有不同的具体表现，例如，酒店业要求客房的人住率保持高水平，百货业要求货品流通迅速。而扩大市场占有率、提高利润、降低成本等，是各行各业同样的追求。

条件的配合是指客观环境和创造机遇者的主观条件互相配合。首先是客观因素的变化，造成有利的投资环境。例如经济复苏，人口激增，可用的土地有限，造成地价急涨，这是把资金投入地产市场的有利环境。其次是指创造机遇具备足够的条件去利用这个有利的环境，例如买地、发展土地所需的资金、技术、人才等，以及创机者个人的眼光、胆识和决断力等。最后是指主、客观因素刚好配合，例如，在地价快要急涨时，先已预见这个趋势，又具备投资的各项条件。

现在，停止抱怨，仔细看看你周围到底有没有机遇。

假如你希望获得成大事，就要为它创造条件。

查理在被问及是什么导致了你的成大事？你怎样取得了最大的成大事

的问题时。他这样回答："我能确切地告诉你，因为这似乎就发生在昨天。在大学读书期间，我与一个从衣阿华州来的同学同住一间寝室。一天晚上，当我们一伙人团团围坐谈论生活时，他走了进来。我敢说他很兴奋，但是在大家离开前他没说什么。人们刚走，他就禁不住脱口而出："我家发财了！我的母亲今晚打电话给我，说今天早晨，她去信箱取邮件时，发现一张票额89000美元的支票。"

"最初的惊奇之后，我的反应是难以掩饰的嫉妒。我向他了解事情的全部经过。

"他说：'我了解的也不够确切，但是我猜测是这么一回事：我父亲在30年代经济萧条时买了一些股票，后来全忘了。最近这公司正好拍卖了，这钱就是他的份子。'"

这位成大事人士继续说："那个晚上我躺在床上，很久睡不着，在想：'为什么这事发生在他家里，而不是我家里？为什么是他得到了钱而不是我得到了钱？'最后，我试图系统地分析这件事。

"我想：在我的生活中有什么机会可能给我带来这样一笔横财呢？我悲哀地意识到什么机遇也没有。我没有能涨值的股票，而且，据我所知，我家也没有。我既没有一块或许会突然发现储藏石油的土地，也没有可能被证明是名作的藏画；我也没有什么才能能让人在一个夜晚奇迹般地发现了，从而一举成名——我没有任何能使我马上发迹的东西。躺在床上，我默默告诫自己：'查理，假如你希望在你的生活中也获得那样的机遇，你必须播种，而且最好多播种，因为你尚不清楚哪一粒种子会发芽。'从那以后，我一直在播种。有几粒种子已发芽了，因此我才有今天这样的境况。"

这就是计划者。他们通过播种，在自己的生活中取得成大事。俗话说"种瓜得瓜，种豆得豆"、"一份耕耘，一份收获"，如果你想体味收获的惊喜，那么不要徒羡别人的运气，以后你想得到什么，现在就开始为将来的收获播种吧。常言说："与其临渊羡渔，不如退而结网"。播种机会就像蜘蛛布下八卦阵般的蛛网一样，捕捉飞来的猎物将是指日可待。

24 睁大犀利之眼

·成功的有效忠告·

许多人都以为会看时机是一种天分，也就是生来就具备的，就像是具有音乐细胞的耳朵一样。但情况并非如此。通过观察那些似乎有幸具备这种天分的人，你会发现这是一种任何人只要努力留心都能获得的技能。

看准时机需要眼力。如果没有善于训练自己眼力的习惯即使金子在眼前，也如同石头。成大事者善于养成这样一个必不可少的习惯：磨练看准时机的眼力——睁大犀利之眼！

有位记者曾同老演员查尔斯·科伯恩进行过一次交谈。记者问的是一个很普通的问题：一个人如果要想在生活中获得成大事，需要的是什么？大脑？精力？还是教育？

查尔斯·科伯恩摇摇头。“这些东西都可以帮助你成大事。但是我觉得有一件事甚至更为重要，那就是：看准时机。”

“这个时机，”他接着说，“就是行动——或者按兵不动，说话——或是缄默不语的时机。在舞台上，每个演员都知道，把握时间是最重要的因素。我相信在生活中它也是个关键。如果你掌握了审时度势的艺术，在你的婚姻、你的工作以及你与他人的关系上，就不必去追求幸福和成大事，它们会自动找上门来的！”

这位老演员是正确的。如果你能学会在时机来临时识别它，在时机溜走之前就采取行动，生活中的问题就会变得大大简化了。那些反复遭受挫折的人经常去对毫不留情的、不怀好意的世界感到泄气，他们几乎永远意识不到：他们一而再、再而三地进行了恰当的努力，但却在不恰当的时机放弃了。

一位家庭关系法庭的审判员在谈到夫妻关系时曾说过这样一段话：“哦，这些吵闹不休的夫妻们！他们只要意识到我们每个人都有烦躁不安、情绪低落的时候，这种时候一个人受不了唠叨或批评，——即使是善意的劝告！只要夫妻双方肯于了解对方的心情，知道什么时间去诉苦，什么时候去流露感情，这个国家的离婚率就会下降一半。”

良好的风度经常需要的也只是看准合适的时机而已。还有什么比兴致勃勃的谈话被打断更令人扫兴呢？有谁没有遇到过一个从来不知道该什么时候离去的不知趣的人呢？这个人会使你觉得像被他纠缠了一辈子似的。

把握合适的时间也可能是做某些出人意料的事情。佐治亚州的一位大夫为一对无子女的夫妻安排好了收养一个婴儿。他在深夜突然给妻子打电话说：“收养证书的一切手续都办好了，让我们一块到医院去，给鲁思和肯尼思抱回这个孩子吧。”

“在这个时候？”他的妻子喊道，“他们根本没想到几天后就会得到一个婴儿，他们会惊慌失措的！”

“哈！”大夫说，“新生儿自愿在深夜诞生，——而头一次作父母的人总是惊慌失措的。这样去给他们一个美好而正常的开端。就按我说的这么办吧！”

就这样婴儿在午夜时分“分娩”，作父母的兴奋得慌手慌脚，这真是一个令人难忘的开端。

许多人都以为会看时机是一种天分，也就是生来就具备的，就像是具有音乐细胞的耳朵一样。但情况并非如此。通过观察那些似乎有幸具备这种天分的人，你会发现这是一种任何人只要努力留心都能获得的技能。

为了掌握恰到好处地处理时间的艺术，需要牢记五个必要的条件。

首先，要不断地提醒自己，掌握好时间在待人处世上具有重要意义。莎士比亚曾经写道：“人间万事都有一个涨潮时刻，如果把握住潮头，就会领你走向好运。”一旦你明确了“看准时机”的全部重要意义，你就朝着获得这种能力迈出了第一步。

其次，和自己订一项条约，这就是当你被愤怒、恐惧、嫉妒或者怨恨的漩涡所驱使时，千万不要做什么或者说什么。这些情绪的破坏力量可以毁坏你精心建立起来的“观时机制”。古希腊哲学家亚里士多德曾留下一段著名的话："任何人都会发火的——那很容易；但是要做到对适当的对象，以适当的程度，在适当的时机，为适当的目的，以及按适当的方式发火就不是每个人都能做到的了。这不是一件容易事。"

第三，加强自己的预见能力。未来并不是一本关闭上了的书。大多数将要发生的事都是由正在发生的事所决定的。相对来说，很少有人能通过自觉的努力来设计今后的自己、预测未来的可能性并照此行动。

预见能力在商务中是如此重要，许多公司都把它作为工作取得进展的主要尺度。在管理家务时它也同样是重要的。星期六会不会是到海滩旅游的好日子？最好把现成的冻熟肉和三明治面包放进冰箱里。你寡居的婆婆健康状况是否开始衰退？你最好还是面对她可能搬来与你同住或者安排她到一所私人疗养院去的可能性吧。掌握好审时度势的艺术还包括看准将来事情会向何处发展，明白抓住现在这个时机采取行动去减少将来的麻烦或是在将来能得到好处。

第四，学会忍耐。你不能不信服爱默生所说的"如果一个人将自己置于天分的土壤中，并且坚定不移的话，巨人般的世界也会向他让步。"获取这种耐力没有灵丹妙药，它是一种智慧与自制力的微妙的结合体。但是一个人必须明白，过早的行动往往是欲速则不达。

最后，也是最难的一条，就是学会做一个局外人。我们的每时每刻都是与所有的人共享的，每个人都会从不同的角度去看待周围发生的事情。于是，真正地把握时机就包括以一个局外人的角色去了解其他人是怎样看问题的。

一位大慈善家，已故的新奥尔良市的约翰·迪勃特夫人曾经在一个隆冬的晚上，她翻阅一本杂志时，她的眼睛被一幅漫画吸引住了。那是两位衣衫不整的老妇人在微弱的火堆旁瑟瑟发抖。"你在想什么？"其中一个问道。另一个回答："我在想，明天那些阔太太们会把一些保暖的衣服给我们的。"

迪勃特夫人是几家医院的赞助者，还是许多慈善事业的捐助者。她盯着这张漫画看了好一会儿，最后，她爬上顶楼，打开衣箱，把厚实的衣物打了好几个捆，准备来日就去分发。她决心将己的慈善活动安排得更合时宜，正像她提出的"去援助那些需燃眉之急的人们"。

要想享受成功的人生，你必须学会抓住时机，审时度势。

五
训练抵抗挫折的本领

一个人能够不被挫折压垮，就证明他是强者。成功之路不会平坦，一定是坎坷曲折，这就需要你训练抵抗挫折的本领，从中发现打败困难的能力资本和智慧资本。

25 学会自救

·成功的有效忠告·

记住一句话：上苍只救自救的人！

世上的每个人，只有当他感到所有外部的帮助都已被切断之后，他才会尽最大的努力，以最坚韧不拔的毅力去奋斗，因为主宰命运沉浮的只能是他自己的努力，他必须学会自救，否则生命之舟就会沉没。

被迫完全依靠自己、绝没有任何外部援助的处境是最有意义的，它能激发出一个人身上最重要的东西，让人全力以赴，就像十万火急的关头，一场火灾或别的什么灾难会激发出当事人做梦都没想到过的一股力量。危急关头，不知从哪儿来的力量为他解了围。他觉得自己成了个巨人，他完成了危机出现之前根本无力做成的事情。当他的生命危在旦夕，当他被困在出了事故、随时都会着火的车子里，当他乘坐的船即将沉没时，他必须当机立断，采取措施，渡过难关，脱离险境。

“自己拯救自己”是成大事的天规！是有自己把自己当对手，才能成大事。如果养成一种被救的习惯，则使人生必为败局。成大事者的习惯之是：强调自救！

当人类不必为满足自身需要去努力自救时，人往往就退化为动物了。贫困一直是人类前进的驱动器，而需要则是鞭策人类从野蛮状态进入高级文明的真正动力。

发明家面对着孩子们那一张张消瘦饥饿的脸，感受到了他们心灵深处的东西，于是掌握了能够制造奇迹的力量。在贫困与需要的压力之下，还有什么做不到的事情！直到被考验时，我们才知道自己的真实潜力。重大危机总是能开掘出深藏在我们身上的自救意识与潜能，而平时它则是潜伏着的。只在危急关头才会显现出来，因为平时我们不知道怎样深入到自己的内心中去寻获它。有一个孩子告诉他爸爸，他看见过一只土拨鼠上树。他爸爸说那不可能，因为土拨鼠是不会爬树的。男孩坚持说，有一只狗站在土拨鼠和它的洞穴之间，于是它就爬到树上去了，因为它别无选择。

为什么我们在生活中做成了很多“不可能”的事情？那仅仅是因为我们不得不这样做。

自救完全能够取代朋友、影响力、金钱和门第带来的帮助。它比别的人性品质能战胜更多的障碍，克服更多的困难，成就更多的事业，完成更多的发明。

敢于自救、不惧困难、在障碍面前毫不犹豫，对自己的办事能力有足够信心的人——就是一个会获得成大事的人。

很多人一生无所建树的原因就是因为他们害怕做事、缺乏信心。他们不敢有自己的想法，不敢争取主动。他们总是谨小慎微，不与别人发生冲突。他们在发表意见之前总是要先弄清楚别人的立场，看别人是否赞同他们，所以这样一来，他们的观点就仅仅是别人观点的修订版而已。

爱真实的东西是人的天性。同样，人的天性也爱那些有主见并敢于发表主见、有信仰并敢于实践信仰、有信心并敢于依靠信心的人。

我们鄙视畏首畏尾、不敢表达自己观点的那些人。他们总是担心会与别人的观点相左，总是担心冒犯了别人。我们尊敬并愿意效仿的人应该志存高远、目光远大、勇于挺身而出、不畏人言、有强烈的责任心。他不会因为不被人理解而心灰意冷，因为他知道，只有目光远大的人才能看见他的目标，而他周围的大多数人都目光短浅，对他的目标视而不见。

要相信你到这个世界上来是有目的的，是为了造就自己，是为了帮助别人，是扮演一个别人替代不了的角色，因为每个人在这场盛大的人生戏剧中都扮演着自己自救的角色。如果你不扮演这个角色，这出戏就有缺陷了。

生活中经常有一些这样的片段：两个本是对手的人，其中一方落难后得到另一方的救助，尔后两人成了亲密的朋友。敌人之间尚且如此，更何况大多数人是我们的朋友，因此，保持一颗同情心至关重要。救人一时之急，会得到他人一世之爱戴，何乐而不为？

当然，救助或帮助他人是要暂时付出代价的，但是如果从长远利益来看，这点个人利益的牺牲是微不足道的。救助他人，也是自救的一种高明的策略与方法。

大家都知道“马歇尔计划”，如果当时美国只考虑自己的眼前利益，不拿出那么多钱来振兴西欧，它会长时间保持霸主地位吗？它的计划一方面帮助了欧洲各国，更重要的是它开拓了国际市场，繁荣了国内市场，使其本国的经济有了良性发展的大环境。

再比如我们今天熟知的微软公司，他们在竞争与合作这方面就高人一筹。当年微软和苹果争雄时，因为微软公司的“兼容”，允许各大电脑厂商使用自己的操作系统而使自己迅速发展壮大为世界软件业巨头，相反，苹果的不兼容则使自己的路越走越窄，以至于倒闭。

俗话说“与人方便，与己方便”，今天你投别人以桃，他可能不会马上报之以李，但他早晚会记住你的好处，也许会在你不如意时给你以回报。退一万步来说，你好心帮帮别人，他即使不会报答你的厚爱，但有一点可以肯定，他日后不会做于你不利的事情。如果大家都不做不利于你的事情，这不也是一种极大的帮助吗？

记住一句话：上苍只救自救的人！

26 与困难较劲

·成功的有效忠告·

世上真不知有多少失败者，只因没有坚强的自信力，他们所接近的也无非是些心神不定、犹豫怯懦之辈，他们三心二意，永无决定事情的能力。他们自身明明有着一种成功的要素，却被自己活生生地推了出去。

沉着冷静，永不气馁，这是每一个人所应养成的品格。任何商人都应永远保持一副亲切和蔼的笑容、一种希望无穷的气魄、一个必能战胜任何突然袭来的逆浪的自信力和决心。他应该不急躁、不懊恼，不轻易发怒，更不应该遇事迟疑不决。这些良好的品性，往往比他焦心忧虑更易解决许多困难。

从来没有听说过一个满口说着“快要失败”的人会取得成功。对于任何事，你都不应向阴暗消极的方面去想。你绝不可一天到晚埋怨世道太坏或是年成不利，这种自暴自弃的坏习惯，是一般商人最易沾染的。在他们的眼里看来，从来就没有乐观的时候，一切都是失望的、不会成功的。这种念头往往无形之中会把他们拖进失败的深渊，永远不能自拔，永远不能有成功的一天。

事业好像一棵嫩芽，要它成功，非用阳光去照射不可。

快鼓起勇气来，努力推开所有一切可恶的障碍，你要学习怎样去改变环境，怎样去扫除外来的恶势力。无论做什么事情，你都应向成功方面着想，不可以整天双眉紧皱地去想死气沉沉的失败。

一个光明磊落、充满生气、满面春风的人，到处都受人欢迎；一个老是怨声叹气，专想失败的人，谁都不愿跟他来往。世上唯有那些满怀希望、愉快活泼的青年，才能继续不断地发展自己的事业。我们对那些满面愁容、无精打采的人，总是盼望能早些避开。

一个有胜利决心的人，他的行为谈吐无不显得十分坚定而有自信。他意志坚强，觉得自己有战胜一切的把握。世人最受人信任、令人钦佩的就是这种人。最遭人厌恶、鄙视的是那种犹豫多疑、拿不定主意的人。

一切成功和胜利都属于在各方面能把握住自己的人。那些即使遇到机会，也不敢自信必能成功的人，只能得到失败。惟有打定主意、有勇气奋斗的人，才能对事业发生兴趣，才能自信一定能够成功。

那些在生存竞争中获得胜利的人，他们的一举一动一定充满自信，他的非凡姿态一定会使你敬仰有加。一眼望去，就可以看出他浑身充满活力。那些被挤倒在地、打了败仗的人，却永远是那副不死不活的样子；他们没有决断力、没有自信力；他们从自己的行动举止、谈吐、态度上，给人一个懦弱无能的印象。

喷泉的高度是无法超过它的源头的，一个人做事也是一样，他的成就绝不会超过自己所相信的程度。

如果你已经有了适当的发展基础，而且你知道自己的力量确能愉快地胜任，就应该立刻打定主意，不要再发生丝毫动摇。即使你遭遇一些困难和阻力，也千万不要想到后退。

要成就事业，这一过程中的荆棘有时比玫瑰花的刺还要多。它们挡在你面前，正是你试试自己究竟意志是否坚定，力量是否雄厚的机会，任何障碍，只要你不气馁、不灰心，终究有办法可以排除。只要两眼紧盯着目标，坚决认为自己一定有自信力，一定有成就事业的能力，那说明你在精神上已经到了成功的地步。你实际的事业一定也会跟着成功无疑。

你要排除一切旁人的意见，打消一切莫须有的空念头，遇事立刻作出判断，时时显现任何事都有把握的态度，切勿气馁，你所下的决心，必须坚定如山，不可再动摇，无论你受到任何打击与引诱——这是战胜一切的诀窍。

世上真不知有多少失败者，只因没有坚强的自信力，他们所接近的也无非是些心神不定、犹豫怯懦之辈，他们三心二意，永无决定事情的能力。他们自身明明有着一种成功的要素，却被自己活生生地推了出去。

无论你穷到什么地步，千万不要失去最可贵的自信力！你昂起的头，切勿被穷苦压下去；你坚决的心，切勿波恶劣的环境所屈服。你要做环境的主人，而不是环境的奴隶。你无时无刻不在改善你的境遇，无时无刻不在向着目标迈进。你应该坚决地说：你全身的力量已经足以完成那件事业，绝不会有人来把你的这股力量抢了去。你应该从自己的个性改起，养成一种坚强有力的个性，把曾被你赶走的自信力和一切因此丧失的力量重新挽救回来。

有许多人对事业曾经失去过信心，但最后还是重新建立了自信，挽回了事业。世人应该保持这种价值连城的成功之宝，正如应该争取高贵的名誉一般重要。

27 把困难“吃掉”

·成功的有效忠告·

永远地摒除心中的疑难，因为“只要坚信，梦想便会成真”。

毫无疑问，在前进的道路上总会遇到困难，如何面对困难是每个人都要面对的问题。

少数人把困难看做一次机遇和挑战，他们往往在困难面前毫不犹豫地采取主动，这些人通常是成功者；而多数人只是被动逃避困难，即使是一个小小的问题也足以摧毁他的意志，面对困难，你很容易陷入一种无力的状态之中。

伟大的德国作家歌德曾说过：“能从绝望的处境中逃脱的人，必能学会坚强的意志，所以不要只是一味地烦恼，应立即采取行动，使自己从绝望中逃出来，你要相信新的一天会将你带到新的地方去。”

你觉得“信心”是一种摸不到、不实在的东西吗？你觉得它无法达到我们一再向你保证的那些目的吗？现在就给你一个活生生的例子，让你了解：在百万分之一的求生几率之下，如何靠着信心的力量解救一个人的生命。

1946 年 9 月，有一位名叫威廉的水兵，被大浪冲下甲板。他身上并没有穿着救生衣。当时是凌晨 4 点，他置身茫茫大海，远离海岸。没有人知道他上了甲板，当他落水的那一刻，他知道自己获救的机会几乎是零。可是，年轻的威廉并不惊慌失措，他把身上的粗棉布衣脱下，同时在裤脚打结，让里头充满空气，把它当做临时的救生圈。

根据他事后的追述，当时他力图镇定。他以一个下士的训练告诉自己：“不要担心未来。”他想，8点集合的时候，他们就会发现他不在船上，然后会派出救生艇出来搜救他，因为他们这条战舰的航行路线，跟一般商船的路线是大不相同的。

他异常地镇定，偶尔还试着把头靠在充气的棉布衣上休息。可是，波浪却不停地拍打着他，让他无法入睡。他抑制心中的恐惧，依赖他的信心，不断地暗自祈祷：“主，请救救我吧！主，请救救我吧！”

可是，隔天早上，依然没有船只的影子，他开始有些消沉。由于受到海浪拍打，并喝了不少海水，他的身体变得相当虚弱。可是，他不曾失去信心，仍然不停地祈祷：“主啊，请你救救我吧！”

那天下午3点，也就是在他落水后的11个小时，他被一艘叫“执行者”的美国货轮上的水手发现，而他们都觉得相当吃惊。

可是，更令他们难以理解的是，船长说不出他为什么要把船从平日的航线，更改为跟威廉所搭的战舰交叉的航线。要是他们不这么做的话，他根本无法经过原本在几百里外大洋中，等候救援的威廉身边。

当威廉被救上来时，精神还算不错。他独自走上“执行者”的绳梯，而船上的水手都为他欢呼。

读过这篇报导后，你是否还会对“对那些满怀信心的人来说，没有不可能的事”这句话，有所怀疑呢？

到底是什么力量促使那位船长改变航线，将船航行到大洋中，把一个坚信自己信念的人救起来呢？

心灵和精神影响所及的范围是没有极限的。你有多大的信心呢？在读过这个故事后，该会更坚定吧。你也许没有机会在这种急迫的环境里，去测试自己的信心，因此，对于日常生活的琐事，你大可很轻易地去完成。要是你坚守信念的话，在某些年后，你将会有所成就的。

而这种信心应该是明确的，期望性的，毅然的，真诚的，要不然它便产生不出“特别的力量”，对你也就无所作用。

万一身处险境，千万不要期待能在某一时间内得到回应，因为上天是不会在这段时间内觉察到的。限定时间将使你紧张，对自己能否及时得到援助也会感到怀疑。

你所要做的，只是确信救援会及时来到。威廉就是以如此的心态，以上天所给予的本能寻求挣脱命运束缚，进而获得“上天”提供的援助和指引，最终战胜危难。

在他满怀信心，口中复诵“主啊，请你救救我吧”时，威廉对自己没有丝毫怀疑。他一直深信自己将会被解救，而事实也果真如此。

永远地摒除心中的疑难，因为“只要坚信，梦想便会成真”。

下面介绍三种摆脱困难的方法。

第一个困难的解脱法：

困难真的是“永远存在”的吗？你可以先不要给自己一个结论，朝它可能是暂时性方面想想看。也许你很幸运地在仔细考虑之后，发现那困难的确只是一个暂时现象，但如果你始终无法找到有力的证据，那么索性不要找现实中的证据了，用你的想像力反复告诉自己“这一切总会过去”，多重复几次你一定会从第一种陷阱中爬出来。

第二个困难的解脱法：

是问题“无所不在”，还是你把问题一直带在心里？不要轻易成为问题的牺牲品。

换个角度，不要再去想那个“无所不在”的困难，而多花些心思用在解决问题上，也许那个“无所不在”的问题是个很容易解决的问题。

即使无法解决这个“无所不在”的问题，也不用每时每刻把它挂在心上，因为这个问题最多只能影响你的一部分，如果它毁掉了你的全部生活，也是你那个“无所不在”的想法助长了它的破坏力。

“无所不在”的问题对你的整个生命来说，只是个小问题，试着去解决，解决不了就把它丢掉。

第三个困难的解脱法：

有人出了问题，他大声叫道：“见鬼，我又出错了，一切都没错，只有我是错误的！”

把所有问题全部往身上揽并不是一种美德，这种习惯的养成最初可能只是一次小小的错误由你而发生，于是让你产生这种“一切都因为我才……”的怀疑，然后你自己把这种怀疑变成一种反面的信念。于是你真的变成了一个失败者。

当第一个问题出现时，千万不要让自己有机会产生这种“问题在我”的怀疑。

亿万富翁也会有破产的一天，所以你不必为自己的有限储蓄不思进取，最可靠的保证是你每天都在进步而不是倒退。

只有那种进取的生活才是最令人放心和欣慰的。

28 跌倒一次，就不怕第二次

·成功的有效忠告·

“跌倒了再站起来，在失败中求胜利。”这是历代伟人的成功秘诀。有人问一个孩子，他是怎样学会溜冰的？那孩子回答道：“哦，跌倒了爬起来，爬起来再跌倒，就学会了。”使得个人成功，使得军队胜利的，实际上就是这样的一种精神。跌倒不算失败，跌倒了站不起来，才是失败。

美国著名成功学家温特·菲力说：“失败，是走向更高地位的开始。”许多人所以获得最后的胜利，只是受恩于他们的屡败屡战。对于没有遇见过大失败的人，有时反而让他不知道什么是大胜利。通常来说，失败会给勇敢者以果断和决心。的确，逆境可以激励人心，帮助你战胜生活之路上的“恐怖地带”。

一个人，如果在失败之后，不去挖掘自己潜在的力量，不去重新奋战，那么等待他的还会是失败。只有在失败后发现自己真正能量的人，才能获得成功。

奥里森·马登对年轻人这样说道："我们的身边有许多人不知道自己到底能做什么，只会羡慕别人的成功；还有一些人是知道自己该做什么，但就是做不好。这些人都共同存在一个问题，那就是他们还没有找到自己身上真正的力量。"因此，逆境会像恶魔一样缠绕在你身边，引起你的恐慌。但是对逆境存有一种恐慌心理，是没有用的，对于那些成功者而言，所有的逆境都不是恐怖地带，而战胜逆境是在展现自己真正的力量。

拿破仑有一员大将叫马塞纳，平时他的真面目是显示不出来的，但是当他在战场上见到遍地的伤兵和尸体时，他内在的"狮性"就会突然发作起来，他打起仗来就会像恶魔一样勇敢。

除非遭到巨大的打击和刺激，人类有几种本性是永远不会显露出来，永远不会爆发的。这种神秘的力量深藏在人体的最深层，非一般的刺激所能激发，但是每当人们受了讥讽、凌辱、欺侮以后，便会产生一种新的力量来，一旦这种力量发挥出来，就能做从前所不能做的事。

如果拿破仑在年轻时没有遇到什么窘迫、绝望，那么他决不会如此多谋、如此镇定、如此刚勇。巨大的危机和事变，往往是爆发出许多伟大的火药。

有一个人，他在自己一生中所获得的每一个成功，都是与艰难苦斗的结果，都是发挥了自己的真正力量，所以，他现在对那些不费力得来的成功，反倒觉得有些靠不住。他觉得，克服障碍以及种种缺陷，从奋斗中获取成功，才可以给人以喜悦。他喜欢做艰难的事情，艰难的事情可以试验他的力量，考验他的才干；他反而不喜欢容易的事情，因为不费力的事情，不能给予他振奋精神、发挥才干的机会。

有位家境非常贫寒的大学生，在他四年的大学过程中，常被那些家境富裕的同学开玩笑，他们不是取笑他衣衫褴褛，便是讥笑他穷相毕露。受着同学们这样的讥笑，他竟然不为讥讽所屈服，立志要做一个伟人。

后来，这个青年果然有着惊人的成功。他说，自己在学生时代所受的种种讥笑反倒成了对他雄心的最好激励。

在绝望境地的奋斗，最能启发人潜伏着的内在力量；没有这种奋斗，便永远不会发现自己真正的力量。如果林肯是生长在一个庄园里，进过大学，他也许一辈子不会做到美国总统，更不会成为历史上的伟人。因为一个人如果一直处在安逸舒适的生活中，便不需要自己的多少努力，不需自己的奋斗。林肯之所以这般伟大，是因为他不断地与逆境苦斗着。

当巨大的压力、非常的变故和重大责任压在一个人身上时，隐伏在他生命最深处的种种能力，才会突然涌现出来，而能够无坚不克地做出种种大事来。

历史上有无数这样的例子。为了要补救身体上的缺陷，许多人因此养成了可贵的品格，造就了一番丰功伟绩。一些相貌极平凡的女子、甚至长相丑陋的女子，往往能在学业和事业上，进行不懈的努力，最后竟能做出意想不到的事业来，这可看作是对她们长相的一种补救。

据说有一个英国人，生来就没有手和脚，竟能如常人一般，有一个人因为好奇心的驱使，特地拜访他，看他怎样行动，怎样吃东西。谁知那个英国人睿智的思想、动人的谈吐，竟叫那个客人十分惊异，完全忘掉了他是个残疾人。

因为特殊缺陷与困难的刺激，并不是人人都有的，所以世界上真正能发现“自己”，把自己最好最高的强项发挥的人并不多见。有许多人连做梦也没有想到在自己身体里面蕴藏着巨大的能力。

爱默生说：“伟大高贵人物最明显的标志，就是他坚定的意志，不管环境变化到何种地步，他的初衷与希望，仍然不会有丝毫的改变，而终至克服障碍，以达到所企望的目的。”“跌倒了再站起来，在失败中求胜利。”这是历代伟人的成功秘诀。有人问一个孩子，他是怎样学会溜冰的？那孩子回答道：“哦，跌倒了爬起来，爬起来再跌倒，就学会了。”使得个人成功，使得军队胜利的，实际上就是这样的一种精神。跌倒不算失败，跌倒了站不起来，才是失败。

很多人回头看过去，总觉得一事无成，想到自己在衷心希望成功的事情上失败了，曾经至爱的人，竟然离他而去，也许他们曾经失掉了职位，或是事业失败，或是因为种种原因而不能使自己的家庭得以联系。于是他们觉得自己的前途似乎是十分的惨淡。而事实却不是这样的，只要你不甘屈服，其实胜利就在远方，就在向你招手。

只有毫无畏惧、勇往直前、永不放弃人生责任的人，才会在自己的生命里有伟大的进展。

可是有些人失败过几次后，便自暴自弃了！但是，对意志永不屈服的人，无论成功是多么遥远，失败的次数是多么多，最后的胜利仍然在他的期待之中。狄更斯在他小说里讲到一个守财奴斯克鲁奇，最初是个爱财如命、一毛不拔、残酷无情的家伙，他甚至把全部的精神都钻在钱眼里。可是到了晚年，他竟然变成一个慷慨的慈善家、一个宽宏大量、真诚爱人的人。狄更斯的这部小说并非完全虚构，世界上也真有这样的事实。人的禀性都可以由恶劣变为善良，人的事业又何尝不能由失败变为成功呢？生活中到处都有这样的例子，许多人失败了再站起来，沮丧而又不怕挫折，抱着不屈不挠的无畏精神，向前奋进，最终获得了成功。

有许多人，虽然他们已经丧失了他们所拥有的一切东西，然而还不能把他们叫做失败者，因为他们心中仍然有一种不可屈服的意志，有着一种坚韧不拔的精神。

真正伟大的人，无论面对多么大的失望，也不失去镇静，这样的人终能获得最后的胜利。在狂风暴雨的袭击中，那些心灵脆弱的人惟有束手待毙，但有些人的自信精神，却依然存在，而这种精神使得他们能够克服外在的一切困难，去获得成功。

29 在别的地方爬起来

·成功的有效忠告·

如果跌倒之后，发现原来是走错了路，也就是说，你走的是一条不能发挥你的专长，不符合你性格的路，如果是这样，为什么不能在别的地方爬起来呢?

人不可能一生一帆风顺，总有摔跤、跌倒之时，这就是打击。但有一点要记住：不管你是什么样形式的“跌倒”，不管你跌得怎样，一定要记住：跌倒了，一定要爬起来！

为什么强调一定要爬起来，主要有以下几个理由：

①人性是看上不看下，扶正不扶歪的。你跌倒了，如果你本来就不怎么样，那别人会因为你的跌倒而更加看轻你；如果你已有所成就，那么你的跌倒将是许多心怀嫉意的人眼中的“好戏”。所以，为了不让人看轻，保住你的尊严，你一定要爬起来！不让他人小看，不让他人笑看。

②“跌倒”并不代表永远不起，但你先得爬起来，才能继续和他人竞逐，躺在地上是不会有任何机会的，所以你一定要爬起来。

③如果你因为跌重了而不想爬，那么不但没有人会来扶你，而且你还会成为人们唾弃的对象。如果你忍着痛苦要爬起来，迟早会得到别人的协助；如果你丧失“爬起来”的意志与勇气，当然不会有人来帮助你，因此，你一定要爬起来！

④一个人要成就事业，其意志相当重要。意志可以改变一切，跌倒之后忍痛爬起，这是对自己意志的磨练，有了如钢的意志，便不怕下次“可能”还会跌倒了。因此，为了你往后漫长的人生道路，你一定要爬起来！

⑤有时候人的跌倒，心理上的感受与实际受到伤害的程度不一样，因此你一定要爬起来，这样你才会知道，事实上你完全可以应付这次的跌倒，也就是说，知道自己的能力何在，如果自认起不来，那岂不浪费了大好才能?

总而言之，不管跌的是轻还是重，只要你不愿爬起来，那你就会丧失机会，被人看不起，这是人性的现实，没什么道理好说。所以你一定要爬起来，并且最好能重新站立起来。就算爬起来又倒了下去，至少也是个勇者，但绝不会被人当成弱者。

至于跌倒了应在哪里爬起来，有人说“在哪里跌倒，就在哪里爬起来”，其实也不尽然，你也可在别的地方爬起来！

“在哪里跌倒，在哪里爬起来”是不逃避失败的一种态度，同时也可让同行的人了解“我某某某起来了”！但你必须先确定你走的路是对的，如果跌倒之后，发现原来是走错了路，也就是说，你走的是一条不能发挥你的专长，不符合你性格的路，如果是这样，为什么不能在别的地方爬起来呢？事实上，就有不少人做过很多事，最后才找到适合他的行业。而且，只要能够成功，谁在乎你从哪里爬出来的？

30 在挫折面前挺直腰板

·成功的有效忠告·

在遇到挫折时，我们往往很快就会放弃努力，不再坚持尝试，而且我们不再努力的理由通常是不充足的。我们常说：“这是不可能的。”或者说：“我无法改变自己。”其实，我们是能够改变的。

在挫折面前因浑身发抖，而低下头的人，最突出的习惯特点是放弃努力，不去坚持尝试新的出路。而成大事者的习惯恰好与之相反，敢于在挫折面前挺直腰板，坚持韧性，反复地从各个方面与挫折周旋和较量。因此，在成大事者的人生辞典中有这样一句话：“我的习惯正在于有办法改变自己的命运！”

在遇到挫折时，我们往往很快就会放弃努力，不再坚持尝试，而且我们不再努力的理由通常是不充足的。我们常说：“这是不可能的。”或者说：“我无法改变自己。”其实，我们是能够改变的。

人人都会遇到挫折。

在心理学上，挫折是指一个人在从事有目的的活动时，在环境中遇到种种致使其动机不能获得满足的障碍和干扰，从而产生的一种复杂的情绪状态。

挫折使人产生或轻或重的挫折感——一种消极的情绪状态，有人称之为“心理停滞状态”。这种状态，有时会造成非常严重的甚至不可挽回的后果。而这种后果，本来是可以避免的。

日本一家著名企业在一次高级管理人才的公开招聘中，发生了这样一件事情：有一个平素成绩优异，对未来充满自信的大学毕业生，因为未被录取而自杀了。

三天后，招聘结束了。当企业负责人查询电脑整理资料时，竟意外地发现，那个自杀的应聘者其实是成绩最好的，只是由于电脑的失误，才导致他落榜。

这的确是一件令人深深为之惋惜的不幸事件。而更令人深思的，还是那位企业负责人在真相大白后说的一段话：“我为电脑操作失误深表歉疚，为这位大学生的不幸感到惋惜。但从企业的角度，我却感谢这次事件和这场特殊的考试。我为我的公司庆幸。”

他的话不无道理。不能对待挫折的人无法胜任许多正常的工作；不能战胜挫折的人决不可能成为事业上的成大事者。

每一个人，甚至在最最平常的日常生活中，都会遭遇各种各样的挫折，有的挫折是短暂的，有的却是长时间的；有的比较严重，也有的则较轻微。人们遇到挫折时的反应也各不相同。有的人会向挫折挑战，百折不挠地去克服挫折；另一些人却往往萎靡不振，甚至精神崩溃。

不同的态度，不同的反应，其实就是个体之间挫折容忍力的差异。

挫折容忍力是指个人遭遇挫折时免于心理失常的能力，是指个人经得起打击或经得起挫折的能力。能忍受挫折的打击，具备良好的适应能力，以保持正常的心理活动，这是心理健康的标志，也是成大事者所必须具备的重要心理素质之一。

挫折不等于失败。失败尚且有可能转化为成大事，何况随处随时都可能发生的那些一时一事的挫折呢？

著名成大事学家拿破仑·希尔曾经这样解释失败与挫折：

“这里，先让我们说明‘失败’与‘暂时挫折’之间的差别。且让我们看看，那种经常被视为“失败”的事是否实际上只不过是暂时性的挫折而已。”

有时候，我甚至认为，这种暂时性的挫折实际上是一种幸运，因为它会使我们振作起来，调整我们的努力方向，使我们向着不同的但却是更正确或者更美好的方向前进。”

由此可见，假如一个人能够具备正确的挫折观的话，挫折不仅不是坏事，而且还可以成为一种积极的心理动力。它可以增长一个人解决问题的能力，引导一个人以更好的方法或更好的途径去实现目标。

正是挫折，激发起一个人向自己挑战的勇气。

这种向自己挑战的内在冲动一旦化为行动，世界上任何挫折都不会使你屈服。

让我们来看一看一位著名的美国人所遭遇过的挫折吧：

21 岁——生意失败；

22 岁——角逐议员落选；

23 岁——生意再度失败；

26 岁——爱侣去世；

27 岁——精神崩溃；

34 岁——角逐联邦众议员落选；

36 岁——角逐联邦众议员再度落选；

47 岁——提名副总统落选；

49 岁——角逐联邦众议员三度落选。

也许你不相信，这个经历过无数挫折的人正是美国的第十六任总统亚伯拉罕·林肯。

一次又一次的挫折，没有使他泄气，反而激发起他向自己挑战的信心和勇气，激发起他实现自己抱负的信心和勇气。终于，他在 52 岁那年，登上了总统的宝座。

对于一个成大事者来说，遭遇挫折，正是他向自己挑战的时机。

他要向怯弱挑战，变怯弱为无畏。假如不能战胜怯弱，他就无法在成大事的道路上继续走下去。

他要向不幸挑战，变不幸为幸运。对于一个拥有积极心态的人，每一个不幸中都潜藏着幸运的种子。

他要向面临的各种各样的问题挑战，因为问题中已经包含了解决问题的办法。

他要向贫困挑战，变贫困为富有。努力奋斗的人不会永远贫困，至少在精神上，他不会向贫困低头。

他要向困难挑战，因为他知道，生命中的每一个困难，都是对一个人战胜困难的能力的考验。

他要向一切不满意的事物挑战，在挑战中改变自己的命运，改变自己的世界。

越是险恶的环境，越能使成大事者有所表现。

只有成大事者，才能在磨难和挫折中继续生存，才有勇气去迎接困难的挑战，才有毅力去战胜逆境和获取新的成大事。

美国著名电视节目主持人舒勒博士曾经举过一个十分有趣的例子：

爱荷华州的农民以种植马铃薯为生，他们每年都习惯于将收获的马铃薯按体积的不同分为大中小三类，然后分类包装，以不同的价格出售。分类包装占用了他们大量的精力和时间。

可是有一个农民却从来不这样做，他是当地农民中收入最高的人。

有一天，他的一位邻居忍不住问他："为什么你从来不用对马铃薯分类?"他回答道："其实道理很简单，我只是把所有的马铃薯装上车，然后将车开到最崎岖的路上。经过8英里山路的颠簸，小的马铃薯自然会滑到下面和四周去，而个头较大和体积中等的马铃薯则会自然地留在上层和中央。"

这个道理不仅适合于马铃薯，也能给人以启示：崎岖的生活道路和艰难困苦的环境，往往更能使一个坚强的人充分体现出他们自身存在的价值。

挫折是难以避免的客观现实，不如意是人生路上自我反省的一面镜子，是每一个生活在现实社会中的人必有的经历。只要有了正确的思想方法，烦恼自然就会离你而去。对付挫折、防止消极影响主要应该注意以下方面：

（1）提高认识水平，正确对待挫折。

（2）改善处理问题的方式，变换视角和出发点。

（3）改换环境、轻装前进。

（4）精神发泄。又称心理治疗法。在限制环境下自由发泄受压抑的非理智的情感，以达心理平衡，及早恢复理智状态。

（5）主动找朋友或陌生人倾吐心声、减轻心理压力等。

以下所列的具体应付挫折的方法，可以根据具体的生活环境进行参考，对于避免挫折带来的烦恼，尽快让自己渡过难关，也有一定帮助。

（1）刚刚在外面遇到了不愉快的事情，回去后最好快点入睡，以平静自己高涨的神经。不要遇到人就拼命地诉说，发牢骚，否则只有越说越气。

（2）到餐馆美餐一顿，或自己大吃特吃一番，肚子吃饱了，思考力就会下降，饭后不想动，比较容易入睡。

（3）不断地作一些简单的操作，让身体疲劳，也容易入睡。

（4）尽可能岔开不愉快的思路，并将精力集中在其他有趣的事情上。

（5）活动身体是忘却烦恼的良药。运动使身体舒畅，具有安定心理的效果。

（6）找一个空旷的地方，大声喊叫，以声音来发泄内心的不满和郁闷。

（7）让身体倒立一会儿，可以使心境平静下来，对外界的事物也不妨和倒立的身体一样反过来看。

（8）改变常走的路线。第一次走的路，总有一些新鲜感，能对感觉产生一定的刺激作用，令心情舒畅。

（9）改变一下自己的造型，穿与以前不同的衣服，尽管打扮得漂亮一些，气氛明朗，心情也就会跟着好起来。

（10）另交朋友。遭受挫折后，许多知道此事的朋友，见面后难免会有所表示，因此另交一些与以往不同的朋友，在“不同的感受下”或许心情会自然改变。

（11）趁假日去旅游，可以在欣赏风景之余，完全放松自己。

31 克服危机的14条有效策略

·成功的有效忠告·

如果你想克服危机，在处理自己面对的问题时，必须把握机会、承担责任、好好掌握，这三者缺一不可。把握机会，本身仍具冒险性，惟有当你负起责任，才能掌握情势变化。一旦进行随机应变，你才可能解决问题，否则，你会遭遇危机。

克服危机不是盲目行动，而是需要策略的。请先看一个古老的希腊故事：

一个狂热的国王有一张漂亮的金床，非常珍贵，上面镶嵌着数千粒钻石。每当宾客来到皇宫，他都用这张床而来招待他们，但他有一个特定的态度：客人必须适合这张床，如果客人太高了，就要将他切掉些来适合它的床。当然，这张床是无价之宝，它不能有任何改动，但客人必须按床的大小来削切或拉长，就如同床不是为人而存在，而是人为那张床而存在！

要找到一个人来适合一张现成的床是非常难的，几乎是不可能的。记住，平均标准的人是不存在的，平均标准的人是人们虚构的。而这张床则是为平均标准的人准备的，国王是一个数学家，经过非常精确地计算才做出了那张床，他量了首都全体市民的身高，然后将总数除以市民的人数，他便得出了一个平均值。首都有小孩、年轻人、老人、侏儒、巨人，但是平均值则是完全不同于这些个体的，在整个首都没有一个人真正合乎平均值，平均值的人是一种虚构。

因此，不管什么样的人作为国王的客人都要遇到麻烦。如果他比床短，那么国王就让粗壮的大力士将客人拉成与床一样长。当然，所有的客人都死了，但那不是国王的错，他是带着世界上最好的意图做每一件事的！

国王的举动与“削足适履”的故事何其相似！以一个固定的死板教条的模子来套所有的事情，肯定得不到满意的结果，因为人和事情是千差万别的。

林肯总统曾说过一则有趣的故事：

有个铁匠突然心血来潮打算为自己做一件东西。他把铁块烧红铸成一把剑。当工作完成的时候，铁匠感到很不满意，于是把剑丢回熔炉，决定改做铲子。看着做好的铲子，铁匠再度摇摇头，决定改成蹄铁。之后，铁匠还是不满意，再也想不出别的东西可以做了，于是把烧红的铁块丢到水里，忽然间，若有所悟地说：“至少我制造了嘶嘶声。”

你克服危机的梦想不会落空——只要你愿意，学习下面所介绍的掌握情势变化的 14 条有效策略，你可以把危机转化为优势：

（1）不要受他人脸色影响

许多人常因别人皱皱眉头或清清喉咙就畏却退缩了。观察一个人的表情，发觉他不愿支持或是带有敌意时，你早就心生畏惧，准备撤退。毫无疑问，此刻你已受他人脸色的影响而动摇决心。

（2）不要受制于外在因素

公司的高级主管，往往受外在因素的影响而动摇决心，无法贯彻命令，实现理想。

削足适履，往往无法实现理想。不要受外在压力如财务、场所等因素的影响，而放弃既定计划。如果你必须筹募经费扩充建筑，就该负起责任，着手筹款。

千万不要因为经费短缺而放弃你的理想。也许你必须绞尽脑汁，但总有办法筹募到足够的资金，理想常常激发灵感。

许多外在的事物我们无法控制，如通货膨胀、经济萧条。但是我们可以掌握自己的理想，设法实现。

有一位名叫约翰的年轻人，他所在的公司在 20 世纪 30 年代美国经济不景气的时候宣告倒闭，身无分文。尽管手头拮据，却意志坚决，不受环境影响而自暴自弃。

一天晚上，和约翰是同事的一位销售员说了一个故事："你曾听说过有个家伙因可口可乐而致富的消息吗？你知道早期的汽水饮料是用桶装，这个家伙认为改用瓶装颇为可行，于是，他向可口可乐公司提出建议，并要求分取百分之一的利润。由于这个建议，他成了百万富翁。"

听完故事，约翰驱车回家，途中经过一处加油站停车加油。在 30 年代，加油站是惟一提供加油服务的地方。那天晚上约翰突然灵机一动："我是不是能够出售瓶装汽油，方便驾驶的朋友在没有加油站的地方使用？不，如果玻璃瓶打破了，将会一团混乱，但是……对了！我可以用罐装！"

约翰联络好工厂和油商制成罐装汽油。接着又毛遂自荐跑去见一位连锁杂货店的经销商："我有一个绝佳的主意能够帮你增加利润。如果你同意每一卡车汽油付我 75 美元利润，我愿意提供这个方法。"经销商同意了，并要求约翰说明构想。"出售罐装汽油！同时我将供应你们这种产品。"

约翰在经济不景气的时候，以每一卡车 75 美元的利润，成为百万富翁，并且奠定了日后发展庞大企业的基础。

（3）不要划地自限

划地自限会影响你行动的决心，使你裹足不前，以致低估了自己的能力。划地自限，使你降低目标，表现的成绩也远低于实际的潜能。这种负面的想法包括：

①我没有受过良好的教育。

②我不认识有力的人士。

③我没有足够的资本。

④我并不是组织的一员，等等。

千万不要受自筑的藩篱或禁闭的思想影响，而放弃追寻理想的勇气。禁闭思想常让你产生下面的想法："这件事情从未成功，现在当然也不可能成功"，或者是"这件事情既然一向这样处理，当然这样做是最好的处理方式"。受过良好教育和专业训练的所谓"行家"，最容易发生禁闭的思想。

坐落于圣地雅哥的爱克德旅馆，历史悠久，颇负盛名。由于电梯超过负荷，旅馆经理召来工程人员及建筑师研商打通每一层楼，计划增设一部电梯。当两位专家——工程师及建筑师在大厅讨论工程计划时，一位正在拖地的清洁人员对他们说："你们会把整间旅馆弄得一团混乱。"

工程师保证："当然。但是我们会尽量设法解决，请不要担心。"

"你们必须关闭旅馆一段时间。"

"是的，如果必须关闭旅馆，我们会这样做。因为不增设一部电梯，旅馆也将无法继续营业。"

清洁工人停止拖地，忽然若有所思地说："如果我是你的话，你知道我会怎么做吗？我会把电梯装置在户外。"

建筑师和工程师面面相觑。结果他们共同装置了一部户外的电梯——建筑史上第一部被装置在户外的电梯。

（4）不要轻信假话

假话是谎言、欺骗。来自亚洲、非洲，以及拉丁美洲的少数民族往往以为不如其他民族优秀。那是一种假话！一种欺骗！一种谎言！千万不要相信种族优劣的假话。

有一位黑人名叫乔治，他自幼生长在芝加哥，以擦鞋为业。他常常听到他的朋友希望将卷曲的头发弄直。

有一天乔治正在为一位顾客擦鞋，闲聊时，乔治发现这位顾客是一位化学家。乔治问："化学家通常做些什么？难道你能够调制某种药水弄直我的头发吗？"化学家笑着答应一试。

几天之后，化学家交给乔治一种药水。乔治试了之后发现头发变直了，于是乔治将这种药水分瓶出售给一些朋友及商店。没过多久，乔治就建立起了一个小有规模的销售网。今天乔治个人的财产已超过千万。对于一个擦鞋童而言，这当然是一项相当不错的成果。

（5）不要沉湎于幻想

由于人们有"我的努力不会成功"、"如果我失败了，别人会嘲笑我"等杞人忧天的想法，许多很好的灵感常因此而不能实现。

如果你有雄心大志和远大的理想，你一定会遭受批评，你的计划也会受到嘲笑。千万不要再为自己制造无谓的困扰，不要犯了杞人忧天的毛病，而限制了创造力，终止计划。

（6）不要因挫败而放弃努力

经过一段时间的努力，人们发现他们不再能应付任何人事问题，无法配合法令规定，不能统筹运用资金。任何有理想及目标的人总会遭遇挫败：缺乏时间、金钱，必须应付高利率，手下大将弃你而去……诸如此类的挫败不断增加。如果你经不起考验，很快你将放弃希望退出战场。不要因遭遇挫折而放弃努力。

（7）不要过度劳累

每个人都有疲倦的时候，你最好能够适时停止工作，因为操劳过度容易做出错误的决策。

当年，罗斯福总统在签订雅尔塔密约时，健康欠佳，病情不断。迄今历史学家仍在争辩当时罗斯福总统是否因健康情形而影响判断。

健康欠佳时，你必须停止会客或是做重要决定。

（8）不要恐惧失败

如果你同时怀着多种恐惧，那么你所要克服的惟一障碍就是恐惧失败。下面这句话也许能够提供你一些启示：

“我宁愿因努力尝试而挫败，也不愿意庸庸碌碌虚度光阴。”

我们赞赏人们为了实践承诺而勇于赴汤蹈火；我们欣赏一个虽然挫败，但曾全力以赴的人。竞选公职的人，也许他的理想十分崇高，旨在服务百姓，但是他必将遭受批评和恶意诋毁，他必须经历许多挣扎的过程。即使竞选挫败，他还是赢得了一场自我的胜战，他克服了不敢尝试的恐惧，奋力要达成目标，他就是一位胜利者。

我们无需恐惧挫败，因为：

挫败并不表示你是一位挫败者，挫败只是表示你尚未成功。

挫败并不表示你一无所成，挫败表示你得到经验。

挫败并不表示你是一个不知变通的愚人，挫败表示你有非常坚定的信仰。

挫败并不表示你必须一直受气，挫败代表你乐意尝试。

挫败并不表示你不可能成功，挫败表示你也许要改换方式。

挫败并不表示你不如别人，挫败只是表示你尚有瑕疵。

挫败并不表示你浪费了时间、生命，挫败表示你有理由重头开始。

挫败并不表示你必须放弃，挫败表示你还要更加努力。

挫败并不表示你永远无法成功，挫败表示你还要花些时间。

(9) 切忌惊慌失措

许多人在平时能够控制全局，做出正确的抉择，而一旦发生突然事件，他们却惊慌失措。

一位名叫鲍勃的年轻人，他担任民航客机驾驶已有27年之久，他讲述了他生命中一次十分惊险的故事：

二次大战期间，我担任F6的驾驶员，奉命担任轰炸东京湾的第一次空袭任务。飞离航空母舰后，我必须爬升到相当高度然后直接俯冲，垂直降落。我以惊人的速度俯冲下来，而正当我准备恢复爬升的时候，左翼遭到炮击。当我发现大海在我头顶上的时候，我知道自己在失速下坠，即将完全失去控制。你知道就在这千钧一发的时刻，我是如何逃过这一劫的？

我记得有人教过我，当发生突如其来的紧急情况时，不要采取任何行动，只要保持冷静的思考。那就是我想起的一切。我没有扳动任何一个按钮，只是坐着不动。如果我当时有任何轻举妄动，其后果就是马上失去平衡坠海丧生。我永远记得灾难临头的时候，切忌轻举妄动，务必保持冷静思考。

(10) 不要只看瑕疵

一个很好的构想提出来的时候，一般人往往会挑剔瑕疵：

“这项计划太花时间”、“这项计划太耗资本”、“别人已经着手进行这项计划”……只看到瑕疵终将扼杀理想。他们看不到发展的潜力，只见到困难重重。问题需要克服而非任其阻碍计划。

一旦问题成为借口，你永远无法成功。勇于克服困难，克服缺点，你才能有所成就。

(11) 不要慑服于事实

失业了，千万不要慑服于失业统计数字。当然，统计数字及利率波动的确会影响你的生活，但是你可以减轻它们的威胁程度。

一位著名的心理学家曾说过：“态度比事实更为重要。”你必须保持积极乐观的态度，千万别受事实恫吓。

（12）不要轻信预测

有些人常说：“情况糟透了，而且会越来越坏。”这些消极的人相信一切只往下坡走，局势只会更糟。

担任阿拉巴马大学橄榄球教练多年的比尔·波特曾经讲述了他自己的故事。

多年前，当比尔担任德州大学的教练时，他的球队将和冠军队碰头。“所有的报纸一致认为我的球队会输。他们甚至用‘惨败’，‘将被痛宰’，‘鸡蛋碰石头’等强烈的字眼。我无法使我的球员避免接触这些消极的预测。比赛前夕，我一直想着报章及广播中毫不留情的预测批评而辗转难眠。想到我们将被痛宰，清晨两点，我清醒了。”

“我爬下床叫醒其他教练，要求他们在30分钟内把所有球员集合起来。我穿上鞋袜，发动车子，清晨两点半，街上一部车子都没有。我走进球场更衣室，来回踱着方步。不久，其他的车子一部部地到达，球员们穿睡衣、睡袍摇摇晃晃地走了进来。”

“我对他们说：‘你们都看了报纸也听到了预测，他们认定了我们将被痛宰。而我现在要告诉你们，如果你们有信心，你们就能够叫一座山从这一头移到那一头，况且你们没有任何一件不能做到的事，现在回去睡觉吧。’”

“后来我们输了，只输了三分。我们虽然输了那场比赛，但是我们赢得了自尊！”

（13）不要惧怕敌人

当舒勒博士主持水晶大教堂建筑计划的时候，他遭遇到许多反对的力量，这些反对的意见并非来自内部筹备委员会，而多半来自外界，许多批评毫不留情，甚至故意歪曲事实。从全部的经验里他得到了这样的教训：没有任何一个敌人，或是任何一项批评，能够为解决问题的方法提供更佳的答案。他还发现，他的敌人对于解决问题并不感兴趣。

不要惧怕你的敌人，他们对于如何解决你的问题不感兴趣。

(14) 不要让亲友替你做决定

朋友能够提供建议，能够与你讨论他们的观点，但是朋友绝对不能替你做最后的决定。只有你自己才能，而且承受最后决定的后果。执着于你认为你该做的事情，忠实于你自己和你的理想。

舒勒博士的“等级检查表”你不妨可以借鉴。

当我们要做任何决策进行讨论的时候，总会有其他人表示异议，这是一种常见的情形。事实上，即使在我们的婚姻关系里，夫妻双方也无法永远保持意见相同。

许多人曾经问舒勒博士，他们夫妻之间为什么意见既不相同，却又能成功地相处长达23年。他们曾经制定出一份分为十种等级的检查表。每当他们可能发生口角时，就立刻利用这份表格来测定他们意见相左的程度：

①最轻微的一级：“我不感兴趣，如果你坚持要做的话，你自己做吧。”从这一级开始，强度逐渐增加了。

②“我不同意你的观点，但是也许我是错误的，所以你还是继续前进吧。”

③“我不同意，我确定你是错的，但是我还能够忍受，你自己做吧。”

④“我不同意，但是我会保持缄默，让你以你自己的方式进行。稍后我能够改变你的决定。就像明年我可以完全依照自己的喜好油漆房间，重新布置房子。”

⑤“我不同意，而且我不能保持缄默。我爱你，但是我无法不表示反对的意见。如果你听到我发表相反的意见，请不要发怒。”

⑥“我反对！我提议一直等到我们两人都能够冷静下来，重新考虑彼此的立场时，再采取行动。请多给我一些时间。”

⑦“我强烈反对！这是一项错误！这项错误必须更正！我态度坚决。我无法同意你的看法。”

⑧“我惟一的答案是‘不’如果你一意孤行，我会非常失望，我将无法控制我的反应。”

⑨“不可以！如果你坚持己见，我必须告诉你我放弃了。我要离家

出走!”

“‘不’!‘不’!‘不’!我死都不同意!”

在他们23年的婚姻生活中，曾经发生过的最严重口角，只达到第六级程度。当舒勒发现自己无法克制情绪的时候，他会说：“这是第六级，亲爱的。第六级的意思是我非常非常爱你，我害怕我的情绪会伤害你，让我们冷静下来再来讨论看看。也许一两个月之后我会同意你的看法，但是今天我无论如何不能同意你的观点。请多给我一些时间，让我了解你的感觉和看法。”

六
学做利用时间的能手

时间是财富资本。利用时间的能手，都是千方百计把这个财富资本变成成功的元素。

32 时间需要管理

·成功的有效忠告·

有句话说得好："有效的时间管理，就是一种追求改变和学习的过程。"时间是公平的，不管是谁，一个人一天永远只有24小时，你可以过得很从容，你也可以把自己弄得凌乱不堪，"没有时间"绝对不是借口，那是你自己的选择。

紧张与压力，导致诸多人产生倦怠、溃疡、心悸、头昏、高血压等病症。然而，心理专家指出，如果懂得时间管理，这些压力就可以减轻甚至消失。时间管理做得好，可以更有效地帮助你完成工作与生活计划。

你一定好奇地想问："时间不是一分一秒地走掉了，怎么管理?"的确，时间是不等人的，没有人能"控制"时间，真正能控制的，其实是自己。而所谓的时间管理，依照专家的说法，正确的定义应该是"自我管理"。

天下没有什么秘诀或大师可以教会人控制时间，真正需要控制的只有自己。那些口里经常喊"忙"的人，就是失落"心"的人，因为，"忙"字拆开来，就是"心亡"。有心的人，永远不会喊忙，他的生活方向清楚，知道自己在做什么。

要管理时间，就需要先管理自我，发掘自己浪费时间的毛病，才能对症下药。根据调查研究，一般人最容易犯的毛病，包括拖延、能力低下、缺乏计划、沟通不良、授权不当、犹豫不决、缺乏远见与无法贯彻始终等等。换句话说，大多数浪费时间的毛病都是自找的。

很多人希望面面俱到，于是拼命把过多的责任加诸于自己身上。结果发现，自己能力不足而产生挫折。专家建议，确立态度，再排定先后顺序，订出远期和近期目标，是时间管理的必要步骤。这个原则，大至拟定人生方向，小至每天、每月、每年的行事日程，都应谨守。譬如，你发觉自己一天精力最旺盛的时候是在上午，就把最重要的事排在这段时间内处理。一天中精力最差的时段，如果是在下午五六点，那就去做些无关紧要的事。

有句话说得好："有效的时间管理，就是一种追求改变和学习的过程。"时间是公平的，不管是谁，一个人一天永远只有24小时，你可以过得很从容，你也可以把自己弄得凌乱不堪，"没有时间"绝对不是借口，那是你自己的选择。

忙里可以偷闲。一个人要知进能退，要懂得拒绝，有些事情是不是值得为它去拼命？如果不值得，干脆就放掉，另起炉灶。即使遇到一些一个人处理不了的事，自己没办法解决，就去寻求外援，集思广益，找别人一起分担。

我们常常听到很多人抱怨"很忙"、"没有时间娱乐"、或者是"已经好几年没有看电影"，这样抱怨的人犯了一个最大的毛病：太强调自己的重要性，认为自己是不可取代的。尤其是，位置坐得愈高的人，这个毛病愈严重。有很多时候，不是他真的没时间，而是自己放不开。这种人总是口口声声说"等我有时间"、"等我有空"……结果他一辈子都没等到时间，一辈子都没享受到生命。

如果你时间安排得好，你就可以去听音乐会、看表演、做自己想做的事。时间管理的第一个原则是：对每一件事都尊重，包括对休闲的尊重。心情是可以创造的，时间是可以掌握的，善于安排的人，永远不会喊"忙"，因为他知道自己要什么与不要什么。

国外有个叫尼勃逊的人，通过对百年来活跃于世界实业界的人士调查发现，这些人成功的关键在于，他们善于利用闲暇时间去学习。

什么是闲暇时间呢？一般地说，闲暇时间就是可以供人们自由支配的时间，也就是我们平常所说的业余时间，也有人称之为"八小时之外"。但是，严格地说，真正的闲暇时间应该排除用于家务、饮食等方面的时间，即完全可供个人自由支配的时间。自由，是闲暇时间的一个特点。一般来说工作时间不能自由支配，工作时间的流向是基本确定的，具有一定的稳定性和限制性，例如，在工作时间里，务工的不能从医，从医的也不能务工。然而，闲暇时间却截然不同，它没有强行规定人们的去向，自由度很大，基本上可以凭自己的兴趣加以选择。在闲暇时间中，人们为了满足自己的需要，可以去充分从事能够反映自我个性的有价值、有意义的活动。闲暇时间的价值是很高的，它犹如编织知识网络的来回游动的梭子；对于发明创造来说，它是一种激发人的心理潜力的因素。

希腊伟大的思想家亚里士多德，喜欢在闲暇时间捕捉蝴蝶和甲虫，他利用闲暇时间积累了人类历史上第一批昆虫标本。成为第一个昆虫分类学者。达尔文从小就对打猎、旅行、搜集生物标本有着特殊的爱好，上大学时又利用闲暇时间广泛采集植物、昆虫和动物标本，后来业余爱好发展成为专长，成了举世闻名的生物学家。在近、现代自然科学领域做出了奠基性贡献的第一批科学家，有许多都不是以研究自然科学为职业的人。如达·芬奇是弗朗西斯一世的臣仆；天体力学和现代实验光学的奠基人刻卜勒的正式职业是编辑；现代生理学的奠基人哈维的职业是医生；现代实验磁学的奠基人基尔伯特是御医；创立解析几何的笛卡儿是军官；与牛顿同时发明了微积分的莱布尼兹是外交官……

17世纪以后，在自然科学突飞猛进、日趋专业化和精密化的情况下，业余研究仍然是科学研究的一支重要的生力军，有不少第一流科学家是从业余研究走上科学研究道路的，如达尔文、戴维、爱因斯坦等等。

善于利用闲暇时间，就要确立闲暇时间是一笔宝贵财富的观念。当代著名的法国未来学家贝尔特朗·德·茹维涅里提出，在未来的社会人感到最主要的不是能用于买到一切的钱，也不是商品，而是业余时间——这种时间可给人以知识文化。有人算了一笔账，虽然对于正在工作和学习的人来说，在一天里闲暇时间几乎等同于工作时间，但从一生来看，闲暇时间几乎四倍于工作时间。闲暇时间是有志者实现志向的大好时光，是创业者艰苦创业的良时美辰。另外，在闲暇时间里，人们的体力和脑力得到了补偿，家庭关系更加和睦，社会交往不断扩大，人与人、人与社会的关系进一步融洽；在闲暇时间里通过开辟“第二职业”使自己的才能得到充分发展；通过业余学习和高尚的娱乐，使自己的知识结构得到改善和提高，人格得到充分的修养和完善。对脑力劳动者来说，闲暇时间有时比苦思冥想更能促进思想上的突破，它能激发人的心理潜力，使大脑皮层在几十年里收藏的各种材料、经验一一沟通，产生新的思想闪光。如果只把“八小时以内”看作是真正意义上的一天，而把闲暇时间只当做这三分之一时间的附属品，怎么能指望享受一天快乐的生活呢？又怎么能指望取得人生的更大成功呢？

科学地安排闲暇时间的方式是多种多样的，也是因人、因地、因时而异的。主要有以下几种方式：一是开发式，就是把闲暇时间作为开发自己潜能，实现自我价值的时间；二是结合式，闲暇时间与工作时间是相互反馈、相互影响的，结合式实际上就是把闲暇活动作为本职工作的延伸与扩展，专业知识的储备和补充；三是陶冶式，即在闲暇时间里从事多种有益活动，以陶冶性情，增长学识；四是调剂式，即闲暇活动与工作互相调剂，比如脑力劳动者在闲暇时间最好是干些体力活儿，室内工作者在闲暇时间最好到室外去，工作是逻辑思维的闲暇时间应以形象思维为主。调剂的另一层意思是做到紧松、忙闲、劳逸、张弛相结合。既不是只张不弛、张而忘弛，搞得很紧张，也不要弛而不张，弛而忘张，并力戒一味求闲，闲上加闲，提倡张弛结合，劳逸适度。

闲暇时间是可贵的，闲暇时间是惊人的。据一所世界体育中心调查：一个 70 岁的西方人，一生的工作时间是 16 年；睡眠时间是 19 年，剩下的便是闲暇时间。可见，所谓时间管理，就其本质来说，主要是对闲暇时间的管理。

33 学会赢得时间

·成功的有效忠告·

学会赢得时间从重视每一天开始。重视一天也即意味着连现在的一小时也很重视，重视一小时也即连目前的一分钟也要重视，而重视时间也即意味着重视每一瞬间的意思。

要想赢得时间，首先必须明了时间是怎样被耗费的。而要想知道时间的耗费情况，又必须先记录时间。我们应该养成勤于记录时间消耗的习惯。办法是在做完一件事之后，立即记录下所耗费的时间，每天一小结，连续记一周、两周或一个月，然后进行一次总体分析，看看自己的时间究竟用到什么地方，从中找出浪费时间的原因。专家研究证明，凡是这样做的人，对于节省时间、提高效率，收效甚大。现在人们常常把“应该”花费的时间，看成是实际已经花费的时间，而这两者往往是不相等的两个量。如果人们问一位领导者：“您今天上午做了什么，花了多少时间?”答曰：“起草报告花了三小时。”其实，在这三小时中，他喝茶，抽烟花费了18分钟，中途休息了两次，花费了23分钟，与同事聊天，花费了27分钟，接三次电话，花费了5分钟，这样总共花费了73分钟，实际上真正用于起草报告的时间只有1小时47分钟。可见浪费时间是多么惊人。因此，进行时间消耗记录，对时间使用进行统计分析，对于每个人提高时间利用率，是一件十分重要的工作。

这里介绍一位前苏联昆虫学家柳比歇夫的时间统计方法。柳比歇夫的一生，成就赫赫，硕果累累，他发表了70多部学术著作，写了12500张打字稿的论文专著，内容涉及遗传学、科学史、昆虫学、植物保护、哲学等广泛的领域。在这些成就中，有相当一部分要归功于他那枯燥乏味的日记本——“时间统计册”。柳比歇夫每天的各项活动，包括休息、读报、写信、看戏、散步等等，支出了多少时间，全部历历在案。连子女找他问话，他解释问题，也都在纸上作记号，记住花了多少时间。每写一篇文章，看一本书，写一封信，不管干什么，每道工序的时间都算得清清楚楚，内容之细令人惊讶。在1964年4月8日这一天，他这样记录道：

“乌里扬诺夫斯克。1964年4月8日。分类昆虫学：鉴定袋蛾，结束——2小时20分。开始写袋蛾的报告——1小时50分。”

“附加工作：给达维陀娃和布里亚赫尔写信，6页——3小时20分。”

“路途往返——50分。”

“休息——剃胡子。《乌里扬诺夫斯克真理报》——15分；《消息报》——10分；《文学报》——20分；托尔斯泰的《吸血鬼》66页——1小时30分。听里姆斯基—柯萨科夫的《沙皇的未婚妻》……”

基本工作合计——6 小时 45 分。”

柳比歇夫从 1916 年元旦开始作时间统计。他每天核算自己花费的时间，一天一小结，每月一大结，年终一总结，直到 1972 年他去世那一天，56 年如一日，从未间断。他每天记下各种事情的起讫时间，相当准确，误差不超过 5 分钟。所有毛时间都被扣除，他注意每天纯时间的数量。他介绍说：“工作中的任何间歇，我都要刨除。我计算的是纯时间，纯时间要比毛时间少得多。所谓纯时间，就是你花在这项工作上的时间。”经过准确的时间统计，柳比歇夫把一昼夜中的有效时间即纯时间算成 10 小时，分成 3 个“单位”，或 6 个“半单位”。分别从事两类工作。第一类是创造性的科研工作，如写书、研究、做笔记等；第二类是不属于直接科研工作的其他活动，如做学术报告、讲课、开学术讨论会、看文艺作品等。除了最富于创造性的第一类工作不限死时间以外，所有计算过的工作量，都竭力按时完成。1966 年，他已经 76 岁了，用来处理第一类工作的时间，平均每天为 5 小时 13 分。天天如此！5 小时内决没有歇会儿抽支烟的工夫，没有聊天谈话，没有溜达散步，也没有听别人的谈笑风生。这是真正不打折扣的 5 小时！

学习柳比歇夫的时间统计方法，我们会终身受益。

依据效率研究专家的说法，在相同的时间内，用相同的劳力做尽可能多的事情的最佳方法就是即时处理。

所谓即时处理，简单地说，就是凡决定自己要做的事，不管它是什么事，就立刻动手去做，“立刻”这一点至关重要。

立刻动手，这不仅省去了记忆、记载、或从头再干的功夫，而且可以解除把一件事总记挂在心上的思想包袱。

如果对一切事务性的工作都采用“一次性处理”，那么就省去了对一件事再花第二次、第三次的功夫。如果有信件需答复，应看完原信后立即动手写回信。如果拖延几天再写，就得再一次读原信，当然就多费了一些功夫。如果有事非得作决定，便立刻作出决定。

脑海中一旦闪现出对工作有用的想法和主意时，要马上动手记下来。无论什么事，“再来一次吧”都会造成时间浪费。诚然，有些事情是需要深思熟虑的，是需要花时间考虑的。但对于不太重要的事或急事，立刻动手干则是上策。

然而，有一些人却有一个很不好的工作拖拉作风，本来可以随手处理的事，却拖得几天几周办不了，几天内可以办的事，却几个月不见踪影。还有的人对需要解决的问题还有意识地“踢皮球”，你踢向我，我踢向你，这样导致工作效率极低。殊不知，被拖延的事务，将来仍然需要做，而且需要花费更多的精力去做。

中国有句格言叫做“今日事，今日毕”。要赢得时间，必须养成随手处理可以处理的事务的作风，不能依赖着明日。否则，就如古诗所云：“明日复明日，明日何其多；我生待明日，万事成蹉跎。”

学会赢得时间从重视每一天开始。重视一天也即意味着连现在的一小时也很重视，重视一小时也即连目前的一分钟也要重视，而重视时间也即意味着重视每一瞬间的意思。

出身贫寒、却因为不断努力而闻名世界的法国昆虫学家法布尔，是一个能在工作中发现生活意义的人。法布尔说：“忙得连一分钟休假时间都没有，对我来说才是最幸福的事。工作就是我最重要的生活意义。”

他是非常努力的人，从少年时代对昆虫有兴趣后，为了更深入研究，遂倾尽心力，即使一分一秒也不浪费掉，因此他最后完成了一部名著《昆虫记》。

我们常常说：“今天一定要达到这个标准。”可是这并不表示说只要在今天结束以前能达成目标就好了。有句话说：“时间就是现在”，其意思就是要我们现在立刻出发。

“今天这一天”并不仅指 24 小时，应该还指着现在的一小时或一分钟。所以，要你“今天一整天去奋斗”，也就是要你把握住现在的每一小时，每一分钟奋斗的意思。

常有人说，要写一本书实在是一件大事情。但目前工薪阶层的人，一边上班、一边写小说的人却愈来愈多。他们因对公司的工作不敢偷懒，所以写小说的时间实在很少，因此他们都利用上班前的 5 分钟来写小说，这样慢慢地写下去，不久就可以完成一本书，像这种 5 分钟的累积是很重要的。

存钱也是一样，想一下子就存大钱，容易有挫折感。应该每天存一点点，10 元也好，20 元也好，慢慢存下去，不久后就会变成大钱了。

只要能够养成珍惜每一刻而去努力的习惯，这样累积下去，就会产生出好的结果来。

七 敢于竞争,善于合作

竞争与合作是成功者打开人生局面的两种手段。你要想赢得胜局,必须要明白自己的竞争资本和合作资本有哪些?并可不可具有可操作性?

34 没有竞争，就没有成功

·成功的有效忠告·

索尼公司的创始人盛田昭夫说：“尽管竞争有一些较为黑暗的东西，但在我看来，它是成功的推动力。

有竞争意识的人往往还敢于冒险，冒天下之大不韪，从而做到他人无法企及的事。

莫纳汉和大多数有远见的创新者一样，具有冒险家的性格。他不计后果，以极大的热情冒险进入未知的世界。20 世纪 60 年代末他驾驶私人飞机的经历，便是他冒险性格的例证。当时他决定，不要浪费在连锁店之间来回穿梭的时间，于是买了一架“塞斯纳 172”型自用飞机，作为视察特许经销商的快速可靠的交通工具，然后开始学习飞行课程。

他在拿到飞行员学习执照并在飞行学校试过单飞之后，决定从底特律穿过阿巴拉契亚山脉前往佛蒙特州。他在出发时没能制定飞行计划，他在前往机场的路边上的加油站买了一张公路交通图，作为他的惟一的导航工具。他心里想、万一迷路的话，可以沿着公路飞行。但是到了布法罗上空，天气变坏了，能见度为零，他发现自己陷入了困境，不得不用无线电向地面求救。空中交通控制中心通过无线电告诉莫纳汉如何降低高度，如何穿过云层，如何进行紧急着陆。后来莫纳汉回忆说：“我使飞机滑行到救护车和消防车附近停了下来，他们正等着收拾飞机残骸。”

莫纳汉也是通过竞争获取成功的。

莫纳汉依据简单有效率的制度，创立了世界上最大的比萨饼外卖公司。他拒绝出售三明治或任何其他产品，以防止店铺的经理分心，保证实现用最快时间送出最美味比萨饼的主要目标。这种策略终于成功了，他成了美国的大富豪，成为一名世界级的企业家。

汤姆·莫纳汉在1986年出版的自传《比萨虎》一书中说："我决心获胜，决心使我们公司的业绩更上一层楼并击败竞争对手。"无论是优秀的政治家，还是成功的企业家，这种态度是普遍存在的。心理学的研究证实，企业家的竞争意识一般都比较强烈。无论是在工作中还是在游戏时，他们都热衷于竞争。

汤姆·莫纳汉是一位勇于竞争的创新者，他用竞争描述他的童年生活。他说："我玩拼图玩具最出色，打乒乓球最出色，扔石头弹子最出色。在每一项集体运动中，我都是出类拔萃的。"一些有识之士认为，企业家在工作中和游戏时的行为没有什么两样。

1989年，莫纳汉曾打算出售多米诺比萨饼公司，退休从事慈善事业并过悠闲的生活。当无人愿意购买他的公司，他不得不重新埋头于经营企业时，他声称已"重新参加比萨饼大战"。

汤姆·莫纳汉喜欢竞争，但必须是公平的竞争。他说："生活和工作的真正要旨是参与超越他人的长期战斗……可在我看来，除非你严格地按照规则行事，否则，即使在企业经营上获得成就也毫无意义。"意大利政治思想家、《君王论》的作者马基雅弗利宣扬为达到政治目的可以不择手段的哲学观点，是莫纳汉所不能接受的，他认为这不是基督徒的行事方式。

汤姆·莫纳汉是有信仰的。他相信自己，相信他人，相信上帝，也相信迅速送货上门。多米诺比萨饼公司的成功是莫纳汉勇于竞争、善于竞争的结果，由于对自己梦想孜孜不倦的追求，他成为了世界第一流的企业家和创新预见者。

无论是在企业经营方面还是在个人生活上，汤姆·莫纳汉都遭受过无数次的灾难，但他总是不断地从失败中奋起，每一次又都能更上一层楼。

莫纳汉克服了许多困难，作为30分钟送货上门的比萨饼之王，在事业上获得了巨大的成功。他有失败的一切理由，却作为超一流的企业家获得了超过预期的成就。莫纳汉拥有多米诺比萨饼公司百分之九十七的股份，该公司以每天送50万个比萨饼而成为当今世界上最大的外卖比萨饼连锁公司。

世界级的天才企业家，无一不具有强烈的竞争意识。比尔·盖茨具有赛车手的竞争心态，新闻电视网之父特纳是“一个百折不挠的竞争者”。索尼公司的创始人盛田昭夫说：“尽管竞争有一些较为黑暗的东西，但在我看来，它是成功的推动力。

可见，竞争意识是成功人士的特质之一。

天才人物不是天生的强者，他们的竞争意识并非与生俱来，而是在后天的奋斗中逐渐形成的。通过学习，你也能有胆有识，敢于竞争。

有以下几点需要提醒你：

（1）弱者不败

不要因为弱小而不敢与人竞争，弱者有自己生存的方式，只要相信弱者不败，勇敢面对困难，你同样能培养出竞争意识。

（2）永不满足

有些人在事业上小有成就后，就不思进取，认为自己已经算得上是一个生活的强者。有些企业已发展到相当规模，但因此失去了前进的动力，不是进一步壮大自己，而是满足现状，停滞不前。

（3）从小事做起

先有一个小目标，向它挑战，把它解决之后，再集中全力向大一点的目标前进。把它完全征服之后，再进一步建立更大的目标，然后再向它展开激烈的攻击。这样苦苦搏击数十年，这样辛辛苦苦从山脚一步一步坚实而稳稳地攀登，我们就会成为人中豪杰，自然我们的银行户头会急剧扩大。

35 跟在"第一名"之后

·成功的有效忠告·

不管是替人做事，还是经营自己的企业，从第二、第三做起都没关系，并不一定非得想着力做第一！如能稳稳当当地做个第二，一旦主观条件形成，自然也就成为第一了，这时候的第一，才是真正的第一！

在这里，我闪提出来"跟在'第一名'之后"的观点。你也许觉得奇怪，不要我们去夺第一，这不是叫我们失去进取之心吗？在竞争如此激烈的现代社会，应该人人去争"第一"才是呀！不错！是得人人去争！但问题是"第一"只有一个，而且争"第一"时还得看争的代价，争得不好，恐怕连什么都保不住，也别说做第二了！

有一位工商界的老板，他从事电脑业。这位老板给自己的企业定位就另有一论——采取"第二战略"。因为他认为，当"第一"不容易，不论是产品的研究开发、行销，还是人员、设备等，都要比别人强，为了怕被别的公司赶超，又得不断地扩充、投资。换句话说，做了"第一"以后要花很多的内力来维持"第一"的地位！因为一不小心，不但第一当不成，甚至连想当第二都不可能了。

这位老板的想法并不科学合理，并不一定当"第一"就一定会很辛苦，当第二或第三就轻轻松松了。这只是他个人的一种观念而已。但结合现实细想一下，其中也不乏道理，我们不妨加以借鉴。

当"第一"者确实要费很多的力气来保住自己的地位！大至一个企业，小至一个人，都可能有这个问题。一个企业要想位居第一，其所冒的风险也应该是最大的。产品的研制开发、资金的投入、设备的引进、人员的录用、产品的销售与服务等等，都比别人要多，要大，要好。好不容易排到了“第一”，又一下子成为了众人的“眼中钉”，都想超过你，甚至弄垮你！

因此，现实生活中并非人人非得争个第一，位居第二的确也有好处，例如：

①可以静观“第一”者如何构筑、巩固、维持其地位，他的成功与失败，都可作为你的经验和警戒。

②可趁此机会培养自己的实力，以迎接当“第一”的机会。如果你想当“第一”的话，一旦你觉得自己具备了这方面的实力，就可以趁机攀升。

③由于你志不在“第一”，所以做事就不会过于急切，造成得失心太重，也不会勉强自己去做力所不及的事情，这样反而能保全自己，降低失败的几率。

因此，不管是替人做事，还是经营自己的企业，从第二、第三做起都没关系，并不一定非得想着力做第一！如能稳稳当当地做个第二，一旦主观条件形成，自然也就成为第一了，这时候的第一，才是真正的第一！

36 竞争不是争斗

·成功的有效忠告·

不要在争斗面前摆出一副不甘示弱的架势，也不要让无谓的争斗羁绊住你成大事的脚步。

竞争不是争斗。防止与人争斗，是成大事者的优良习惯之一的，因为有很多事不是靠争论就能弄清楚的，必须靠时间和事实来证明。

日常生活中，我们经常会发现，用争斗来对抗争斗的结果往往会引起更大的争斗。如果你也认识到了这一点的话，那你想不想拥有一个神奇的短句，可以阻止争斗，除去不良的感觉，创造良好意志，并能使他人注意倾听？

想？好极了。底下就是。以这样开始："我一点也不怪你有这种感觉。如果我是你，毫无疑问的，我的想法也会跟你的一样。"

像这样的一段话，会使脾气最坏的老顽固软化下来，而且你说这话时，应当有百分之百的诚意，因为如果你真的是那样的人，当然他的感觉就会完全和你一样。以亚尔·卡朋为例。假设你拥有亚尔·卡朋的躯体、性情和思想，假设你拥有他的那些环境和经验，你就会和他完全一样——也会得到他那种下场。因为，就是这些事情——也只有这些事情——使他变成他那种面目。

例如，你并不是响尾蛇的惟一原因，是你的父母并不是响尾蛇。你不去亲吻一只牛，也不认为蛇是神圣的，惟一原因，是因为你并不出生在恒河河岸的印度家庭里。

你目前的一切，原因并不全在于你——记住，那个令你觉得厌烦、心地狭窄、不可理喻的人，他那副样子，原因并不全在于他。为那个可怜的家伙难过吧。可怜他，同情他。你自己不妨默诵约翰·戈福看见一个喝醉的乞丐蹒跚地走在街道上时所说的这句话："若非上帝的恩典，我自己也会那样子。"

如果你肯认为明天你所遇见的人中，有四分之三的人都渴望得到同情。给予他们同情，他们将会爱你。

戴尔·卡耐基有一次在电台发表演说，讨论《小妇人》的作者露易落·梅·艾尔科特。当然，卡耐基知道她是住在麻州的康科特，并在那儿写下她那本不朽的著作。但是，戴尔·卡耐基竟未加思索地，贸然说出他曾到新罕布夏州的康科特，去凭吊她的故居。如果卡耐基只提到新罕布夏一次，可能还会得到谅解。但是，老天！真可叹！卡耐基竟然说了两次。无数的信件、电报、短函涌进他的办公室，像一群大黄蜂，在戴尔·卡耐基这完全没有设防的头部绕着打转。多数是愤慨不平，有一些则侮辱他。一位名叫卡洛妮亚·达姆的女士，她从小在麻州的康科特长大，当时住在费城，她把冷酷的怒气全部发泄在卡耐基身上。如果有人指称艾尔科特小姐是来自新几内亚的食人族，她大概也不会更生气了，因为她的怒气实在已达到极点。卡耐基一面读她的信，一面对自己说："感谢上帝，我并没有娶这个女人。"卡耐基真想写信告诉她，虽然自己在地理上犯了一个错误，但她在普通礼节上犯了更大的错误。这将是他信上开头两句话。于是卡耐基准备卷起袖子，把自己真正的想法告诉她。但最终他没有那样做。他控制住自己。他明白，任何一位急躁的傻子，都会那么做——而大部分的傻子只会那么做。

他要比傻瓜更高一等。因此卡耐基决定试着把她的敌意改变成善意。这将是一项挑战，一种他可以玩玩的游戏。卡耐基对自己说："毕竟，如果我是她，我的感受也可能跟她的一样。"于是，卡耐基决定同意她的观点。当他第二次到费城的时候，就打电话给她。他们谈话的内容大致如下：

卡：某某夫人，几个礼拜以前您写了一封信给我，我希望向您致谢。

达：（有深度、有教养、有礼貌的口吻）是哪一位，我有此荣幸和您说话的？

卡：您认识我。我名叫戴尔·卡耐基，在几个星期以前，您听过我一篇有关露易莎·梅·艾尔科特的广播演说。我犯了一个不可原谅的错误，竟说她住在新罕布夏州的康科特。这是一个很笨的错误，我想为此道歉。您真好，肯花那么多时间写信指正我。

达：卡耐基先生，我写了那封信，很抱歉，我只是一时发了脾气。我必须向您道歉。

卡：不！不！该道歉的不是您，而是我。任何一个小学生都不会犯我那种错误。在那次以后的第二个星期日，我在广播中抱歉过了，现在我想亲自向您道歉。

达：我是在麻州的康科特出生的。两个世纪以来，我家族里的人都会参与麻州的重要大事，我很为我的家乡感到骄傲。因此，当我听你说艾尔科特小姐是出生在新罕布夏时，我真是太伤心了。不过，我很惭愧我写了那封信。

卡：我敢保证，您伤心的程度，一定不及我的十分之一。我的错误并没伤害到麻萨诸塞州，但却使我大为伤心。像您这种地位及文化背景的人士很难得写信给电台的人，如果您在我的广播中再度发现错误，希望您再写信来指正。

达：您知道嘛，我真的很高兴您接受了我的批评。您一定是个大好人。我乐于和您交个朋友。

因此，由于卡耐基向她道歉并同意她的观点，使得达姆夫人也向他道歉，并同意他的观点，卡耐基很满意，因为他成大事地控制了怒气，并且以和善的态度，来回报一项侮辱。卡耐基终于使她喜欢自己，因此得到无穷尽更真实的乐趣，如果他当时怒气冲冲地叫她滚到一旁，跳到斯古吉尔河去自杀，那一切都免谈了。

佳衣·满古是奥克拉荷马州吐萨市一家电梯公司的业务代表。这家公司和吐萨市一家最好的旅馆签有合约，负责维修这家旅馆的电梯。旅馆经理为了不愿给旅客带来太多的不便，每次维修的时候，顶多只准许电梯停开两个小时。但是修理至少要八个小时，而在旅馆便于停下电梯的时候，他的公司都不一定能够派出所需要的技工。

在满古先生能够为修理工作派出一位最好的技工的时候，他打电话给这家旅馆的经理。他不去和这位经理争辩，他只说：

"瑞克，我知道你们旅馆的客人很多，你要尽量减少电梯停开的时间。我了解你很重视这一点，我们要尽量配合你的要求。不过，我们检查你们的电梯之后，显示如果我们现在不彻底把电梯修理好，电梯损坏的情形可能会更加严重，到时候停开时间可能会要更长。我知道你不会愿意为现在的几个小时而给客人带来好几天的不方便。"

经理不得不同意电梯停开 8 个小时总比停开几天要好。由于满古表示谅解这位经理要使客人愉快的愿望，他很容易地而且没有争议地赢得了经理的同意。

S·胡洛克可能是美国最佳的音乐经纪人。几十年来，他一直跟艺术家有来往——像查理亚宾、伊莎朵拉·邓肯，以及拔夫洛华这些世界闻名的艺术家。胡洛克先生告诉人们，他和这些脾气暴躁的明星们接触，所学到的第一件事也是他日后成大事的原因之一，就是必须学会同情与谅解，对他们那种荒谬的怪癖更是需要同情。只有这样，才能避免无谓的争辩。而争辩常常要坏了很多大事。

他曾担任查理亚宾的经理人三年之久——查理亚宾是最伟大的男低音之一，曾风靡大都会歌剧院。然而，他却一直是个问题人物。他的行为像一个被宠坏的小孩。以胡洛克先生的特别用语来说："他是个各方面都叫人头痛的家伙。"

例如，查理亚宾会在他演唱的那天中午，打电话给胡洛克先生说："胡先生，我觉得很不舒服。我的喉咙像一块生的碎牛肉饼，今晚我不可能上台演唱了。"胡洛克先生是否立刻就和他吵了起来？哦，没有。他知道一个经纪人不能以这种方式对付艺术家。于是，他马上赶到查理亚宾的旅馆，表现得十分同情。"多可怜呀，"他会很忧伤地说，"多可怜！我可怜的朋友。当然，你不能演唱，我立刻就把这场演唱会取消。这只不过使你损失一两千元而已，但跟你的名誉比较起来，根本算不了什么。"

这时，查理亚宾会叹一口气说："也许，你最好下午再过来一趟。五点钟的时候来吧，看看我那时候觉得怎么样。"

到了下午5点钟，胡洛克先生又赶到他的旅馆去，仍旧是一副十分同情的姿态。在胡洛克的感化下，查理亚宾又再度叹口气说："哦，也许你最好待会儿再来看看我，我那时候可能好一点了。"

到了7点30分，这位伟大的男低音终于答应登台演唱了。他要求胡洛克先生走上大都会的舞台时要宣布，查理亚宾患了重伤风，嗓子不太好。胡洛克先生就撒谎说，他会照办，因为他知道，这是使这位伟大的男低音走上舞台的惟一方法。

记住这些成大事人士的行为吧，不要在争斗面前摆出一副不甘示弱的架势，也不要让无谓的争斗羁绊住你成大事的脚步，只有同情和谅解才能有效地化解争斗。

37 与对头“手牵手”

·成功的有效忠告·

如果不能打败他们，就和他们结合。这是许多成大事人士的竞争策略。你不妨一试。

怎样与竞争对手相处，是许多试图成大事者面临的一个头痛问题，也许这种角逐的习惯会给你提供一个良策：请与对头“手牵手”！

喜欢寻求别人帮助是人们的普遍心理。若是有人在你排队时插队排在你前面，或占了你的位子，或对你不公平时，你就可以代表队伍中的每个人说话：“我们一直都在等轮到我们，没有人认为你应该插进来！”转过身来看别人，希望他们帮助你来反对这个入侵者，让他走开。许多入侵者没有想过会碰到这样的事，他们以为没有人会对他们的侵犯有意见。

没有一个人不曾被占过便宜，也没有人在应该维护自己的权利和权威时，不曾放弃过，这都因为害怕会当众吵起来，或被反对。

其实，侵犯者跟你一样害怕会吵起来，而且他的计划得依赖你的妥协才能成大事。如果你采取行动维护自己的权利，并联合能帮助你的人，他就会张惶失措，分寸大乱。

因此不要完全依赖别人帮你解决问题，你必须自己独立去完成。这不是说人们不会帮你的忙，他们会帮，但是并非永远。永远依赖别人，从来不试着独立……你就永远不会自由。

人类天性中最深切的动力是“做个重要人物的欲望”。请对方帮你一个忙，不但能使他自觉重要，也能使你赢得友谊与合作。

本杰明·富兰克林就运用这项原则，把一个刻薄的敌人变成了他一辈子的朋友。当时，富兰克林还是一个年轻人，他把所有的积蓄，都投资在一家小印刷厂里。他又想办法使自己获选为费城州议会的文书办事员。这样一来，他就可以获得为议会印文件的工作。那样可以获利很多，因此他当然不愿意失去文书办事员的职务。可是出现了一项不利的情形。议会中最有钱又最能干的议员之一，却非常不喜欢富兰克林。他不但不喜欢富兰克林，还公开斥骂他。

这种情形非常的危险，因此，富兰克林决心使对方喜欢他。

但是，怎样做呢？这是一个难题。给他的敌人一点点小惠？不可以，那样会引起他的疑心，甚至轻视。

富兰克林太聪明了，不会弄出那样的窘境。于是，他采取了一个相反的办法，他去请求敌人来帮他一个小忙。

富兰克林向他的敌人借10块钱？不是！他所请求的，令对方觉得非常的高兴——这个请求触动了他的虚荣心，使他觉得获得了尊重。这项请求，很巧妙地表示出富兰克林对对方的知识和成就的仰慕。

下面就是富兰克林自己的叙述：

“听说他的图书室里藏有一本非常稀奇而特殊的书，我就给他写一封便笺，表示我极欲一睹为快，请求他把那本书借给我几天，好让我仔细地阅读一遍。

“他马上叫人把那本书送来了。过了大约一个星期的时间，我把那本书还给他，还附上一封信，强烈地表示我的谢意。

“于是，下次当我们在议会里相遇的时候，他居然跟我打招呼（他以前从来就没有那样做过），并且极为有礼。自那以后，他随时乐意帮忙，于是我们变成很好的朋友，一直到他去世为止。”

富兰克林所运用的心理办法，也就是请求别人帮你忙的心理办法，时至今日仍然十分有效。

记住，我们都希望得到别人的赏识和看重，都愿意尽一切的努力去得到。但没有人会喜欢违心之论和阿谀奉承之词。

在经过几十年的争斗后，美国最大的汽车公司——“通用”汽车公司和日本“丰田”汽车公司组织了一个联合公司。在加利福尼亚州“通用”

的雷蒙德工厂合作生产汽车。两个竞争角逐的“冤家对头”握手言和。

联合建厂的建议是“通用”汽车公司总裁劳格·史密斯提出来的。因为他看到，在竞争日趋激烈的世界汽车市场上，日本汽车正以其成本低、价格廉而后来居上，“蚕食”着一直在汽车市场上占统治地位的、美国的地盘。尽管“通用”想尽了改进汽车制做的办法，仍难以在这场竞争中致胜。史密斯从长远着眼，提出了同日本厂商的联合建议，而“丰田”也欣然响应。因为这两家世界第一、三位的汽车厂家都有各自的明确意图，对于丰田，可以避开美国贸易保护主义的障碍，获取更大的利润。对于通用，则可以深入了解丰田生产管理的第一手资料，借鉴丰田的经验。

如果不能打败他们，就和他们结合。这是许多成大事人士的竞争策略。你不妨一试。

38 合作是最好的竞争

·成功的有效忠告·

如果你想顺利地达到自己的目的，就一定要学会与人融洽合作。

没有合作的习惯，很难产生规模化效应。这是成大事者竞争中的一大习惯性原则。

一提到合作，总会是双方或双方以上的几方在一块共同去完成某一项事情。在这种情况下，如果不学会合作，到头来很可能会一无所获，空忙一场，而那些善于合作者，却往往能利用对方不动声色地实现自己的愿望。

扪心自问，你对于自己发现的思想，是不是比别人用银盘子盛着交到你手上的那些思想，更有信心呢？如果是这样的话，那么，如果你要把自己的意见硬塞入别人的喉咙里，岂不是很差劲的作法吗？学会合作，提出建议，然后让别人自己去想出结论，那样不是更聪明吗？

没有人喜欢觉得他是被强迫购买或遵照命令行事。我们宁愿觉得我们是出于自愿购买东西，或是按照我们自己的想法来做事。我们很高兴有人来探询我们的愿望、我们的需要，以及我们的想法。

当西奥多·罗斯福当纽约州州长的时候，他完成了一项很不寻常的事情。他一方面和政治领袖们保持很良好的合作关系，另一方面又强迫进行一些令他们不高兴的改革。底下是他的做法。

当某一个重要职位空缺时，他就邀请所有的政治领袖推荐接任人选。"起初，"罗斯福说，"他们也许会提议一个很差劲的党棍，就是那种需要'照顾'的人。我就告诉他们，任命这样一个人不是好政策，大家也不会赞成。"

然后他们又把另一个党棍的名字提供给罗斯福，这一次是个老公务员，他只求一切平安，少有建树。罗斯福告诉他们，这个人无法达到大众的期望，接着罗斯福又请求他们，看看他们是否能找到一个显然很适合这职位的人选。

他们第三次建议的人选，差不多可以，但还不太行。

接着，罗斯福谢谢他们，请求他们再试一次，而他们第四次所推举的人就可以接受了；他们提名了一个罗斯福自己也会挑选的最佳人选。罗斯福对他们的协助表示感激，接着就任命那个人——他还把这项任命的功劳归之于他们……罗斯福告诉他们，他这样做是为了能使他们感到高兴。

记住，罗斯福尽可能地向其他人请教，并尊重他们的忠告，这是学会与人融洽合作的根本。当罗斯福任命一个重要人选时，他让那些政治领袖们觉得，他们选出了适当的人选，完全是他自己的主意。

长岛一位汽车商人，利用同样的合作技巧，把一辆二手货汽车，成大事地卖给了一位苏格兰人。这位商人带着那位苏格兰人看过一辆又一辆的车子，但那位苏格兰人总是认为不对劲，这不适合，那不好用，价格又太高。在这种情况下，这位商人就向他的同学求助。

同学劝告他，停止向那位苏格兰人推销，而让他自动购买。同学说，不必告诉苏格兰人怎么做，为什么不让他告诉你怎么做？让他觉得出主意的人是他。

这个建议听起来相当不错。因此，几天之后，当有位顾客希望把他的旧车子换一辆新的时，这位商人就开始尝试这个新的方法。他知道，这辆旧车子对苏格兰人可能很有吸引力。于是，他打电话给苏格兰人，问他能否过来一下，特别帮个忙，提供一点建议。

苏格兰人来了之后，汽车商说："你是个很精明的买主，你懂得车子的价值。能不能请你看看这部车子，试试它的性能，然后告诉我这辆车子，应该出价多少才合算？"

苏格兰人的脸上泛起"一个大笑容"。终于有人来向他请教了，他的能力已受到赏识。他把车子开上皇后大道，一直从牙买加区开到佛洛里斯特山，然后开回来。"如果你能以300元买下这部车子，"他建议说，"那你就买对了。"

"如果我能以这个价钱把它买下，你是否愿意买它？"这位商人问道。300元？果然。这是他的主意，他的估价。这笔生意立刻成交了。

让别人觉得办法是他或她想出来的，不只可以运用于商场和政坛上，也同样可以运用于家庭生活之中。奥克拉荷马州吐萨市的保罗·戴维斯，是如此运用这个原则的：

"我的家庭和我享受了一次最有意思的观光旅行。我以前早就梦想着要去看看诸如盖弟斯堡的内战战场、费城的独立厅等等的历史古迹，以及美国的首都。法吉谷、詹姆斯台、以及威廉士堡保留下来的殖民时代的村庄，也是高列在我想造访的名单上。

"在三月里，我夫人南茜提到她有一个夏天度假计划，包括游览西部各州，以及看看新墨西哥州、阿利桑那州、加州以及内华达州的观光胜地。她想去这些地方游玩已经有好几年了。但是很明显的，我们不能既照我的想法又照她的计划去旅行。

"我们的女儿安妮刚刚在初中读完了美国历史，对于形成美国成长的各件事件都极感兴趣。我问她喜不喜欢在我们下次度假的时候，去看看她在课本上读到的那些地方，她说她非常喜欢。

"两天以后，我们一起围坐在餐桌旁，南茜宣布说，如果我们大家都同意，在夏天度假的时候将去东部各州。她还说这趟旅行不但对安妮很有意义，对大家来说，也是一件令人兴奋的事。"

爱默生在他的散文《自己靠自己》一文中说："在天才的每一项创作和发明之中，我们都看到了我们过去摒弃的想法；这些想法再呈现在我们面前的时候，就显得相当的伟大。"

且让我们记住，我们明天所要接触的人，就像许多普通人那样具有人性的弱点，因此，且让我们使用豪斯的技巧学会与人合作吧。

在商业上，利用这种技巧也会产生意想不到的效果。有一位游客计划到新布仑兹维克去钓鱼及划独木舟。于是写信给观光局，向他们索取资料。很快他就收到了各个露营区及乡道所寄来的无数信件、小册子以及宣传单。他被弄得头昏脑胀无所适从，不知道选哪一个好。有家营区的主人作了一件很聪明的事。他把他曾经服务过的几个纽约人的姓名和电话号码寄给这位游客，并请这位游客打电话给他们，让他自己去发现这家营区究竟有什么好条件。

这位游客很惊讶地发现，名单上竟有所认识的一个人。他打电话给认识的人，询问这个人的看法，然后他立刻打电报把他抵达的日期通知那家营区。

其他人想向这位游客强迫推销，但另外一个人却让他把自己推销出去。于是他胜利了。

所以，如果你想顺利地达到自己的目的，就一定要学会与人融洽合作。

八
找到致富的途径

财富是现代人衡量成功的标志之一。你应当学会经营自己，找到致富的资本，因为任何致富都不能空想而来。

39 欲速则不达

·成功的有效忠告·

成功的销售和钓鱼一样，如果你太急躁，鱼儿都吓跑了。

凡做大事者，忍耐是必备的精神品质；缺乏忍耐者，心中都想贪恋速成，其劣势所在是注重眼前利益，不顾长远目标，甚至一遇到挫败，就会丧失进取心，而彻底绝望。

亚历克斯从事计划顾问多年了，他的年薪超过30万美元。有一次午宴上，当同行问他为什么他赚的钱远比他的同事多。他想了会儿，回答说："我由弱而强的奇迹全靠五步秘诀，而且我想这5步对其他人也一样有效。"

同行们请他谈一谈是哪五步，于是亚历克斯向人们讲述他的诀窍。

首先，我恒心深入调查，了解情况。我对地方商业界的消息很灵通，哪个人被提升我都一清二楚。哪家公司有潜能、有发展，我也了如指掌。无论开会、聊天、度假，我都在搜集资料。我对年轻的公司，特别是那些对年金或利润分红计划有兴趣的公司最有经验——那是我的专长。

第二步是恒心打电话找公司里的高级经理。首先我向他解释我的身份来历，我的公司，我的资格以及我擅长的投资事业。然后我会要求预约详谈。通常我都能如愿以偿，因为我一向坦诚。我从不利用欺骗来取得拜访顾客的机会。

第三步是恒心登门拜访——我称之为出诊。谈话之间，我尽可能地了解顾客的投资计划、他的性情、职业以及个人背景。我很少谈到我自己和公司的事情，而我提出的问题足以向他证明我很在行。

通常在谈话结束时，还没有具体的计划产生，可我已经敲开一扇门了。

第四步是，在拜访之后以个人名义恒心写无数短信，告诉顾客很高兴与他见面，我们公司正在研究制订具体方案。这封私人信件很有效，它是一种诚意的表示。而且会让顾客觉得自己特殊而重要。在这个电子计算机的时代，大家动不动就寄出表格，这样做只能收到相反的效果。

第五步，发出信后，隔了三四天我就恒心再打电话过去。首先再一次向他致意，然后表示我愿竭力效劳，帮他成为成功的投资者。最后我再要求订一次约会。

当我第二次见客户时，我随身带了几个方案去。多数不会有什么结果，可我绝不强求。我的打算是建立长远的关系。

成功的销售和钓鱼一样，如果你太急躁，鱼儿都吓跑了。而我若是主动表示时间太局促，不好起草合同，特别是关系到大笔金额时，顾客就会愿意再考虑跟我合作的可能性。

第二次见面后，事情就好办多了，我可以打电话或亲自与顾客来讨论计划。我会随时与顾客保持联系，直到成交为止。有时要磨上好几年工夫，然而机会一到，我就会签上五六个合同。

帕克是一个非常有趣的人，他已经 80 高龄了。他有一个了不起的太太、几个子女和一大群孙子及曾孙子。此外，他还是个富豪。他说：“我不太清楚自己有多少财产，不过我想不止 3 亿美元吧。”

在过去的 20 年里，他有一个好朋友和合作伙伴罗斯。最有趣的一件事是罗斯帮助帕克准备自传。帕克并不想将自己一生的传奇公诸大家，只打算为后世子孙留下几条关于如何致富，享受人生的道理。

罗斯之所以同意这件差事，完全是想好好研究一下这个老人。他想知道一个寒微出身，只上过三个学期大学的人，如何能拥有油田、大厦、购物中心、土地、钻石、黄金、保险和其他财富。

更令人好奇的是，为什么如此有钱的人住的却不怎么样，开一辆用了六年的旧车，衣服都是百货公司的拍卖品。

一天上午，罗斯和帕克正在讨论他的自传时，帕克开口道：“罗斯，今天我打算告诉你关于我赚钱的哲学，我再把它写在我的书上，让我的后代子孙都能了解我的意思。”

罗斯答应他一定全力以赴，他们就此开始。

“我赚钱一向遵守四个原则。”帕克说，“第一个原则是在有恒心经营时，不要受制于钱。很久以前我就学到了，如果你崇拜金钱，就会被它毁掉。所以在这方面，我一向捐出所有收入的10%以上给教堂或其他慈善机构。等我过世后，会有更多财产捐出去做有意义的事。”

“你瞧，”帕克继续说，“我让自己跳出了赚钱的恐怖，并没有花掉它。有些人会拿钱去跑马、赌博，可是我的运动就是赚钱而已。我用财产的累积来衡量自己的成就。”

“可是你不觉得这有些狭隘浅薄吗?”罗斯问。“一点也不。”帕克解释说，“你看，当我在赚钱时，我也在帮助别人过得更好。我纳了不少税，这也等于帮助了别人。就我的观点来看，纳税只是做生意的一种代价。现在，我再跟你讲一些具体的例子，让你看看我在赚钱时怎么帮别人的忙。拿我在那布拉斯加的油田做例子吧，我帮助那些投资人赚了不少钱，我也替开采公司和他们的员工赚钱，还有输油管工人，提炼商和零售商，他们也都蒙受其利。进一步说，在冒险寻找油田时，对于抑制原油价格上涨也不无小补。然而我并没有受金钱的挟制，相反地，我能控制它。”

“你第二个赚钱的原则又是什么?”罗斯问他。

“一句话。”帕克回答，“就是要有受苦的恒心。我想，粉碎大多数人淘金梦的致命伤，最主要的就是急躁。当我年轻时，我存了1万块钱。在那个时候，对我来说，那是一笔为数不小的钱。后来我遇见一个看来精明能干，能说善道的股票经纪商，他告诉我如果我拿1万元跟他合作投资的话，照他那一套手腕，保证30个月内回收100万块。我就像个天真的年轻傻瓜一样，听信他那一套。结果三个月后，有一回我度假回来，才发现我的户头里一毛钱不剩，都给我那个杰出的经纪人糟蹋光了。可是这1万元却是我做过的投资中最大的一笔，即使在哈佛、耶鲁和普斯林顿三个学校修上三个学位，只怕也不能把得失金钱的法子教得这么透彻。”他大笑。

“第三个原则呢?”罗斯问。

“等等。”帕克回答，“第二个原则我还没讲完呢！我真不知道如何强调恒心的重要性才好。一旦你知道如何运用它，钱就会自动跑到你的钱包里去了。到现在，我搞赚钱这行业已经搞了60年，30岁之前我的财产净值100万，等到40岁时，已经有了500万。接下去的十年里，又跳到3000万。等我60岁时，已经有8000万了。现在，在近20年内，8000万又涨成3亿元。”

然后帕克岔开主题，向罗斯说：“你知道吗？我总觉得，学校里没有教会孩子们资本的意义实在很糟糕，他们大部分人只是以为那就是拿来花掉的钱。然而完全不是这么回事，所谓资本就是用来滚钱的钱。”

“还有另一件事小孩子也没学到，那就是只要你懂得投资的门径，资金就会增加，”帕克继续说，“1万美元投资12%，只要在30年内，它就会滚成30万到40万之间。”

帕克停了一会又往下说：“现在来谈谈我的第三个原则：永远不要在投资上赌博，但要有恒心投资的策略。自从我丢了1万元，上过那次当后，我便从此立稳脚跟，每件事都经事先研究过才做。你知道我盖的那一座购物中心吧？在决定建造之前，我私下做过三次研究，我要确定那真是个好地段才行。投资挖石油时，我也做过同样的事。我请了一个地质学家——我所能找到的最好的一个地方去勘测土地，看看那地方的潜能高不高。所以，千万不要去赌博，每项投资都要尽可能小心翼翼地研究过。我略微估计一下，在20笔上门来的生意中，我起码会刷掉19笔。

“现在我再来告诉你我的第四个原则，是感情上的事：必须恒心绝不要利用那些你邀来一道投资的人。不管我再怎么小心，偶尔也会有项投资失败。我还记得，20年前就发生过这种事。那时我碰到了一个机会，是笔十拿九稳的不动产生意。有一座中型城市计划兴建飞机场，我的不动产专家说，他们有99%的把握，肯定它会建在什么地方。所以我就筹措了一家联合组织，在那附近买了些不动产，保证适合兴建旅馆、餐厅和机场其他辅助设施。我相当肯定这笔生意一定大有可为，就鼓励我的秘书和她的先生也投资一点。他们对我很信任，因此就倾其所有，投资了1．5万元。”

“结果，”帕克说，“市议会决定机场建在城里的另一边，我们的投资就此全部泡汤了。我良心上很过意不去，因为把我的秘书夫妇也牵连了进去，而他们是冒不起任何风险的。当我知道投资损失惨重时，我立刻签给秘书夫妇一张支票，把他们的投资额都还回去了。从此之后，我就不会再邀那些负担不起损失的人来投资了。”

简言之，帕克的赚钱原则可以写成如下四点：

（1）恒心经营，享受赚钱的乐趣，可是不要受制于钱；

（2）要培养受苦的恒心；

（3）要有恒心投资的策略，但永远不要在投资上赌风险，尽量在事前调查清楚；

（4）恒心不要让那些冒不起风险的人受到伤害。

40 必须成为预算大师

·成功的有效忠告·

预算是一张蓝图、一个经过计划的方法，用以帮助你从你的收入中得到更大的好处。

有计划的，或是有预算的花费，可以保证你和你的家人能够从你的收入里得到公平的分享。

预算并不是一件束缚行动的紧身衣，也不是毫无目的地把花用掉的每一分钱都做个记录。预算是一张蓝图、一个经过计划的方法，用以帮助你从你的收入中得到更大的好处。正确的预算方式，将会告诉你如何达成目标——使自己的家——你家小孩子们的大学教育费用——你老年的保险金——你梦想中的假期。

预算开销将会告诉你，你可以删减那些比较不重要的项目，去填补你想要做的大花费。

如果你从没有做过预算，就应该马上开始学习如何处理家庭财务。帮助丈夫成功的一个最重要方法，就是要知道如何使他的收入发挥最大的效用。如果他会赚钱但是不会节省，你就可以帮助他管紧钱包。如果他本来就节省，你可以在用钱方面表现出相同的看法，为他增加信心。

如何才能使你自己成为家庭财务的专家？这里有个好消息：你家附近的银行可能有一种预算或咨询服务，他们将会告诉你如何做好预算计划，以适应你特殊的需要和收入。

《妇女时代》杂志对于家庭的经济知识，是一个很好的来源。它将会告诉你如何缝补旧衣服，如何烹调有营养而价格低廉的餐点，甚至还告诉你如何制造自己的家具。

不可以依赖你无意中发现的、任何一种已经印好的预算计划表。为了要显得更有价值，一个预算计划必须是专门为你订做的，不适合于其他任何人。没有其他的家庭会和你们家庭完全相同，你的经济问题就像你的脸孔和身材那样，是完全不同而独特的。

以下有些想法，可以帮助你完成你自己的家庭预算计划：

（1）记录每一件开销，使你对于支出情形有个清楚的了解

除非我们知道错在哪里，否则我们就无法改进任何情况。如果我们不知道在何处删减，为什么要删减，以及删减什么，节约就是毫无意义的事。所以，我们应该在一段示范期间，记录下所有的家庭开销——例如，记录三个月看看。

亚尔诺德·白尼特和约翰·D·洛克菲勒都是无可救药的记账专家。拿破仑·希尔也是这样。虽然他都以开支票的方式付款，他仍然喜欢按月把他的花费记录成一张整齐的单子。每年一次，他把这些每月花费加起来。结果呢？他能够很精确地告诉你，于某某年他在食物方面花了多少钱——或燃料费、水电费、娱乐费，等等。他还可以使用这些记录，查出他家的生活费增加的情况。一旦你知道你的钱花到哪里去以后，就不必再做这种记录了。但是，他很喜欢手边有这种资料。例如，如果他怀疑他花太多钱买衣服了，他只要瞥一眼他的记录就知道真相了。

有一对夫妻，当他们开始记录花费情形以后，很惊讶地发现他们每个月花掉大约70美元去买酒！然而，他们并不是酒鬼——只不过是一对热情的夫妇，很欢迎自己的朋友在兴致好的时候就“到家里来喝一杯”——这种事情时常会发生。他们做了一个明智的决定，认为他们不能再开免费酒吧了，于是，那七十元就有更好的用途。

（2）根据家庭的特殊需要，设计出自己的预算

首先，把你这一年里固定的开销列出来——房租、食物预算、利息、水电费、保险金。然后计划你其他的必要开销——衣服、医药费、教育

费、交通费、交际费，等等。

每个人都知道，这是件不容易的事情。拟定计划需要决心、家庭合作，有时候还需要严谨的自制力。我们不能买下每一件东西——但是我们可以决定什么东西对我们最重要，而牺牲掉最不重要的东西。你愿意拥有一个舒适的家而放弃买昂贵的衣服吗？你宁愿自己做衣服，将节省下来的钱买一台电视机吗？显然，这些决定必须由你和你的家人自己来做——印制好的预算表都列了上固定的百分比，对于你个人的需要是没有帮助的。

（3）至少要把每年收入的百分之十储蓄起来

规定你自己——也就是说，你的家庭——一个固定开销。至少要把十分之一的收入储蓄起来，或拿去投资。也许你还可以想办法建立一笔额外资金，拿来做特殊用途，譬如买房子或汽车。

财务专家说过，如果你能节省你丈夫收入的十分之一，即使物价高昂，不到几年你也就可以获得经济上的舒适。

有一个女人，她嫁给一个顽固、保守的新英格兰人。她的丈夫宁愿在中央车站广场脱光了衣服，也不愿放弃节省十分之一薪水的计划。这位太太告诉他，在经济不景气的那几年，她们可真吃足了苦头，她先生的薪水被删减得太多了。她买日用品的时候，必须想尽办法节省每一毛钱——她丈夫每天要步行20多条街，以省下公共汽车费。但是，节省十分之一薪水的老习惯，仍然照样进行。

“有时候，”这位女士承认，“当我们非常需要钱用的时候，我十分后悔还要把钱搁在一边。但是，我现在很高兴我们维持了储蓄计划。节约的结果，使我们到中年的时候拥有了自己的家和一些享受。”

（4）准备一笔意外或紧急用途的资金

大部分的预算专家都劝告每一个年轻家庭，至少要存下一至三个月的收入，用于紧急事件。

但是，这些专家警告说，想要存太多钱的人，会发觉很难办到，结果根本就存不了钱。与其要断断续续地隔几周才一次存五元，倒不如每周固定地存下二元五角，效果会更好。

（5）使预算计划成为全家的大事

预算顾问相信，预算计划必须得到全家人的合作。经常举行家庭预算讨论会，往往可以减除情绪上的不和——因为我们大家对于金钱的态度，都会受到自己的经验、气质与教育程度的影响。

（6）要考虑人寿保险的问题

玛莉昂·史蒂芬斯·艾巴利，是人寿保险协会妇女部的主任。对全国的女士来说，她所说的话就是人寿保险专家的看法，具有独特的权威性。当我访问艾巴利女士的时候，她建议当妻子的人应该自问以下这些问题：

你可知道，经过人寿保险，你的家庭能够得到什么基本需要？你可知道，一次付款和分期付款有何不同——而且各有各的好处？你可知道，关于付款的方法有许多不同的选择？你可知道，现代人寿保险具有双重目的？如果一个男人太早去世了，人寿保险就可以保护这个人的家庭；如果他活着要享受余年，人寿保险就可以供给他独立的基金。

这些问题，以及其他许多相似的问题，对于你的家庭非常重要。只让你的丈夫知道所有的答案，这还不够，你也应该知道这些答案。有一天也许会变成寡妇——有关人寿保险的知识，可以解除你的困难和忧虑。

贾得生和玛丽·南狄斯，在他们合写的《建立成功的婚姻》一书上告诉我们，家庭收入的花费，往往是婚姻生活里必须调节、适应的主要地方。

金钱并非万能，这句话可真不错，但是，如果知道如何聪明地处理我们的金钱，就可以带给我们的丈夫和家庭更多心境的安宁、幸福与利益。

41 越想挣钱，越要把钱不当回事

·成功的有效忠告·

只为钱而活着，会在金钱面前变成奴隶而挫败自己另外一种有价值的目标。

钱的诱惑力很大，成为人们习惯争取的东西。如果没有正确的金钱观念，绝对会被金钱打败。

金钱，对于贪婪的人来说，在他们的习惯中永远没有满足的时候。人生离不开钱，但也不能只着眼于钱。莫让金钱遮住眼，走出钱眼天地宽。

世界上最愚笨的人，就是那些只是为了薪水而工作的人。但除此以外，你应该还有其他需求，一种满足无限高尚欲望的要求。那就是，想成为一个正直的人，想尽你最大的努力去做正直的事，公平之事的人。

假使容许我就这个话题对那些初人社会的每个青年说几句话，那我将说："在初入社会的时候，不要太顾及你的雇主所给你的薪水是多少。你对此不如去想一想你自己还可以从中获得各种可能的薪水，如技巧的提高，经验的积累，及整个生命的充实等等各方面。"

雇主给我们提供的工作，只是我们用来塑造品性与人格的机会和条件。那是一所训练才干、张扬精神、发达智力的实验学校，而不是用来从中榨压出金银的石磨。

一个人一旦只是为了薪水而工作，除此之外便没有了其他较高的动机，那这个人将面临许多品质劣势，而受此欺骗最厉害的个正是他自己。他就是在日常工作的量与质中欺骗了自己。这种因欺骗而蒙受的损失，纵使他日后怎样奋起直追，努力振作，也是永远无法补偿的。

你在工作中投入的量与质，可以决定你的整个优势品质。不管薪水如何菲薄，只要你对一切工作都愿付出至善的服务、至高的努力，而不是自安于"次好"与"较低"，你是否具备这种精神，将决定于你是成大事还是失败。

在工作上成大事的方法之一是：你可以从你对工作的忠心，从你在工作时的善良与高尚心志中，取得十分丰厚的报酬。你从这种方式所取得的报酬与雇主所付给你的薪水相比，那后者真可谓无足轻重了。前者支付给你的是金钱，而后者则付给你可贵的经验，善良的训练，效率的增加，自我的表现，人格的造就。一个青年人如果对于薪水高低的顾及，甚于从自己的工作中得来的种种回报，那他真是何等的狭隘、小器，何等的不知轻重啊！

在工作上成大事的方法之二是：不要害怕你的雇主会对你的努力与功绩视而不见，而不考虑对你的提拔。假使他是一位努力寻求高效率雇员的雇主，那在你值得被提升时，将你提升，正是他的心愿。

我们常常看见，许多很有作为的人，他们在低微的薪水下工作多年后，会突然像变魔术一般，跳上一个高级而负重任的位置，为什么？就因为在他们的雇主每星期只给他们极少薪水的时候，他们却正在积累使他们终身受益的工作经验：办事能力的增加，经营手段的进步。

许多人会因所得的薪水，在他们自己看来低于他们的应得报酬，于是在工作时，刻意使工作的量与质恰与雇主所付的薪水相等，就这样将薪水袋以外的种种巨额回报给抛弃了。他们对待工作，故意采取一种躲避不及、愈少做愈好的态度。他们不想去获得那些比现金更重要的薪水；他们宁愿坐视自己人格、能力的退化，使自己成为一个狭隘、小器、无效率与腐朽的人；使自己的生命与宏伟、尊贵、高大等成分毫不沾边。

他们的才干，他们独当一面的能力，筹划设计的能力，他们的机智，与那些可以使他们居人之上，使他们成为伟人的一切品质，都将因此而处于休眠状态。就在他们只是提供吝啬的服务，刻意使之与薪水相等的时候，他们却是在阻碍自己的生长，拦阻自己的前程，从而使他们自己终身只做半个人，而不是整个人；使他们自己成为一个卑小、狭隘、无用的人，而不是一个有精神、崇高、完备的人。

美国佛罗里达州男子唐纳·史达勒，每天清晨 4 点钟就到马房工作，当一个日薪 20 美元的马夫。

他的工作包括清除跑道、铲除马粪、替马梳洗等各种杂事。

很多人问他为什么要做此种小事，他的答复是他喜欢马，也热爱这份工作，所以愿意这样做。

史达勒原是宾州一名事业有成的汽车商，他在 1988 年辞掉工作跑到佛罗里达，决心当一名驯马师。

他只是为了熟悉马性，他必须从头学起。1988 年初夏，他到迈阿密一家赛马场应征，获得一份遛马的工作。

几个月之后，他升级为负责替马梳洗整理的马夫。这项工作一直做到现在。

史达勒对自己的工作满意极了，一点也不急于成为驯马师。他认为该学的事还多得很。事实上，他已对如何训练得奖马匹颇有心得。

他进赛马场不久，就买下了 4 匹纯种马。这些马儿迄今已为他赢得了

25 万美元。

以前他常替别人照顾马匹，如今则一心一意照顾自己的 4 匹宝贝马。他还特聘驯马师齐亚第为他训练。52 岁的齐亚第已有 34 年的驯马经验。他发现自己和史达勒间的关系很微妙："身为马主，他是我的老板，但作为马夫，我又是他的上司，幸而我俩相处融洽。"

齐亚第夸赞史达勒是他所见过的最勤快的马夫，不但每天早上都是第一个抵达马房，而且两年来只缺勤过一天。

史达勒当马夫，仅仅是因为他喜欢马，喜欢这份工作。但在他努力做好工作时，也为他带来更多的财富。可见，不必刻意去追求财富，工作的意义在于你喜欢它，它也让你快乐。

美国著名成大事学家利兹先生《为前途工作的 16 种优势选择》一书中，开列了 32 种成大事的良策，其中有两点值得关注：

（1）在你服务于一种职业时，你应该想到，那是你自己的职业，是在为你自己而工作。当然，薪水的数目，对你来说当然希望多多益善，但你该记住，这是一个很小的问题。当你从事该种职业时，你就获得了一个深入那个职业的详情，以及接触其中人物的机会；得到了一个可以用你的耳目尽量吸取关于那个职业的知识，且与你的前途很有关系的知识的机会。

（2）在工作时，你应当立志使出浑身的气力与机智，谋划出最好的办事方法；你应当立志以进步与创新的办法来达成此事；你应当立志以一种无限的热诚和精神去从事该项工作。只要你这样做了，你的上级自然也会立刻对你表示关注。

在这里，我们显然发现，当一个人面临金钱的考验的时候，他的个性会明显地反映出来——是贪婪者，还是豁达者，常言说，欲速则不达。只为钱而活着，肯定就是一种变态的心理，自然会决定一生的行为都是为钱所左右。这种人没有第二条路可走，会在金钱面前变成奴隶而挫败自己另外一种有价值的目标。

九
不搞绝交，搞社交

社交资本的力量是巨大的，这是人人皆知的，但不是人人皆会用的。对于一名成功者而言，不搞绝交、搞社交是最聪明的选择。

42 掌握"双尊重法"

·成功的有效忠告·

在待人处世方面，我们往往是过分地强调了自己的自尊心，而把别人的自尊心踩在了脚底下。

相互尊重，是成大事者非常注重的人性习惯——显而易见，没有尊重的交往是不可能持续下去的，只有相互尊重，才能相互认可，体验对方的心情，让对方乐于接受。对成大事者而言，他们的习惯方式是：先尊重别人！

身上具备唯我独尊这种弱点的人往往想当然地以为这种态度是那些伟大人物或领袖们所独有的，它是充满自信的表现。然而，可悲的是，他们错了。那些真正的人物或领袖之所以能蜚声海内上，获得众多人的尊敬和认可，并不是因为唯我独尊，而是在于他们从来不说太过自信的话，在于他们敢于不顾自己的身份而拿自己开玩笑。正是这种肯于和多数平凡人打成一片，而不是在他们中间显得高高在上，才使他们取得了真正的成大事。

富兰克林有一种很好的摆脱唯我独尊的方法，这使他在必要时可以改变化了的心思，他养成了一种习惯，在他表明他的意见时，用一种比较模糊灵活的言词，以致40年之中，没有一个人认为他说过任何武断的话。

这里有一条很好的交际原则：不要说太过自信的话。如果你能坚持这一条原则，则你将来发现你曾经说过的话有错误时，也不必收回你以前所说的话。你应该知道：你所表达的意思或信仰，毕竟还只是你个人的意见和信仰而已，而别人也还仍然保留着他自己的意见和信仰，并且拥有取舍的权利。做到了这一点，别人自然不会盯着你的错误不放，而你呢，也不用为了自己的面子而坚持着错误，这样一来，自然就避免了陷入唯我独尊的可怕境地。

自尊心是每一个人都拥有的，无论他是高高在上的一国领袖，还是沿街乞讨的流浪者。然而，在待人处世方面，我们往往是过分地强调了自己的自尊心，而把别人的自尊心踩在了脚底下。

有一个孩子上小学的时候，很贪玩，不爱写作业，特别是数学，那些加、减、乘、除对他来说是一种莫大的障碍。这就难免会出问题，有一次数学测验他得了49分——全班就他一个人挂“红灯”，数学老师把他叫到办公室，怒气冲冲地当着办公室许多老师的面就把他狠批一顿：“你数学到底怎么学的？怎么这么笨？这么简单的题都做不及格，你还有指望吗？……”他那时还小，对老师说的许多词语并不十分明白，但他的小小的自尊心是明显地受到伤害了，而且印象很深，直到成年后还能回想起那个令人伤痛的场景，当着许多老师的面，被无情地数落……

后来他就真的“没有了指望”，数学课经常无故缺课，他对那门课产生了厌倦，对教课的老师产生了反感，他讨厌她。幸亏父母发现及时，给他补了许多课，才使他期末考试“幸免于难”。后来过了一年后换了个数学老师，老师尽管在上课时极其严肃，对作业要求也很严格，但他从来不发脾气。知道这个孩子基础差，老师总是采用循循善诱的方式，捕捉住这个孩子的每一点小小的进步对他鼓励，这使他信心大增，他对数学逐渐产生兴趣，直到现在，他一直对那位有着一颗仁慈之心的老师心存感激。

故事说明着一个简单但又常常为人所忽视的道理：没有人愿意被别人伤及自尊，人们总是希望得到肯定和赞美。许多人看着不顺眼就想指责别人，别人一有失误就抓住“把柄”加以“发挥”，似乎这样才能使自己心情舒畅，但谁又能去考虑那些自尊心被深深伤害了的人的感受呢？

人们总喜欢玫瑰的花而不喜欢玫瑰的刺。批评像根刺，稍不小心就会把别人的自尊心刺伤，批评也往往收不到预期的效果，相反会引发对方的不满情绪和反抗心理。更危险的是，批评还会伤害一个人宝贵的自尊。试着体会别人的心情，采用和气开导的方式，会更容易让人接受。

林肯就受过这方面的深刻教训：

林肯住在印第安纳州鸽湾谷的时候，年纪轻轻，喜欢评论是非，还常常写信和诗讽刺别人。他常把写好的信扔在乡间路上，使被讽刺的对象能拾到。

林肯在伊利诺州春田镇当见习律师时，仍改不了这一毛病。

1842 年秋，他又在报上写了一封匿名信讽刺当时的一位自视甚高的政客詹姆士·席尔斯，被全镇引为笑料。席尔斯愤怒不已，终于查出写信者是林肯，他即刻骑马找到林肯，下战书要求决斗。林肯并不喜欢决斗，但迫于情势，只好接受挑战。他选择骑兵的腰刀作为武器，并向一位西点军校毕业生学习剑术，准备到决斗那一天决一死战，幸亏在最后一分钟被人阻止了，否则很难想像“两虎相争，必有一伤”的局面会怎么样。

这是林肯人生中最深刻的一个教训，从此他学会了与人相处的艺术；他再也不写信骂人、任意嘲弄人或为某事指责人了。此刻的他深刻地明白了一个自尊心受到伤害的人会有怎样可怕的举动。

南北战争的时候，林肯新任命的将军在战争中一次又一次地惨败，使林肯很失望。全国有半数以上的人，都在臭骂那些无用的将军们，但林肯却没吭一声。他喜欢引用一句话：“不要评议别人，别人才不会评议你。”

当林肯太太和其他人对南方人士有所非议的时候，林肯总是回答说：“不要批评他们；如果我处在同样情况下，也会跟他们一样的。”

也许，任何时候都要顾及别人的自尊心，这就是林肯善于与人相处的秘诀，也是他的成大事之道。

顾及别人的自尊心，有许多种方法可以采用。在柯立芝总统执政期间，他的一位朋友接受邀请，到白宫去度个周末。这位朋友偶然走进总统的私人办公室，听见柯立芝对他的一位秘书说：“你今天早上穿的这件衣服很漂亮，你真是一位迷人的年轻小女日。”

这可能是沉默寡言的柯立芝一生当中对一位秘书的最佳赞赏了。这来得太不寻常，太出乎意料之外了，因此那位女孩子满脸通红，不知所措。接着，柯立芝又说，“现在，不要太高兴了。我这么说，只是为了让你觉得舒服一点。从现在起，我希望你对标点符号能稍加小心一些。”

柯立芝的顾及别人自尊心的方法可能有点太过明显，但其心理策略则很高明。通常，在我们听到别人对我们的某些长处赞扬之后，再去听听一些比较令人不痛快的事，总是好受得多。

麦金尼远在 1896 年竞选总统时，就曾采用了这种方法。当时，共和党一位重要人土写了一篇竞选演说，以为写得比任何人都高明。于是，这位仁兄把他那篇不朽演说大声念给麦金尼听。那篇演说有一些很不错的观点，但就是不行，很可能会惹起一阵批评狂潮。麦金尼不愿使这人伤心。他一定不可以抹杀这人的无比热诚，然而他却又必须说：“不”。清注意，他把这件事处理得多巧妙。

“我的朋友，这是一篇很精彩而有力的演说，”麦金尼说，“没有人能写得比你更好。在许多场合中，这些话说得完全正确；但在目前这特殊场合中，是否相当合适呢？从你的观点来看，这篇演说十分有力而切题，但我必须从党的观点来考虑它所带来的影响。现在你回家去，根据我的指示写一篇演说稿，并巳送我一份副本。”

他真的照办了。麦金尼替他改稿，并帮他重写了第二篇演说稿；他后来终于成为竞选活动中最有力的一名演说者。我们不妨假想，如果麦金尼没有顾及这个人的自尊心而直接指责其过失，那又会出现怎样的景象呢？那肯定不会有这样一个圆满的结局。

43 给人留面子

·成功的有效忠告·

我们常喜欢摆架子、我行我素、挑剔、恫吓、在众人面前指责孩子或雇员，而没有多考虑几分钟，讲几句关心的话，为他人设身处地想一下，要是这样，就可以缓和许多不愉快的场面。

保护脸面是很多人的习惯，因为脸面是个大问题，可以看成是一个人的自尊。要学会尊重别人的前提之一就是要给别人保留面子。否则，只能把事情弄得越来越糟。面子哲学何在？就在于你给别人面子，别人也给你面子。保留他人的面子！这是一个何等重要的问题！而我们却很少会考虑到这个问题，因为我们习惯让别人给自己留面子，而不习惯给别人留面子！

3 年前，戴尔·卡耐基的侄女乔瑟芬·卡耐基到纽约来担任他的秘书。她当时只有 19 岁，高中毕业。没有什么做事的经验。如今，她已是一位十分干练的秘书了。在刚开始的时候，她十分敏感脆弱。有次他准备指责她，却又马上对自己说："等一下，戴尔·卡耐基，等一下。你几乎有乔瑟芬两倍的年纪，做事经验更是多出好几倍，怎么可以要求她能有你的看法、判断和主动自发的精神——何况你自己也并不挺出色？还有，戴尔，你在 19 岁的时候是什么德行？记得你像蠢驴一样犯下的错误吗？记得你做过这些……还有那些……吗？"

一想到这里，他不得不老实地下个结论：乔瑟芬比他 19 岁时要好得多——而实在惭愧得很，我反而没有称赞过她。

于是，一遇到乔瑟芬犯错时，戴尔卡耐基总是这样说：“乔瑟芬，你犯下了一项错误。但是，老天知道，我以前也常常如此。判断力并非生来具备，那全得靠自己的经验，何况我在你这个年纪的时候还比不上你呢。我实在没有资格批评你或别人，但是，依我的经验，假如你这么这么做的话，不是好些吗?”听到别人数说我们的错误很难接受，但假如对方谦卑地自称他们也并非完美，我们就比较容易接受了。

加拿大有位工程师叫迪利斯通，他发现秘书常常把口授的信件拼错字，几乎每一面总要错上二三个字。那么他是如何让秘书改正这一错误的呢?“就像许多工程师一样，别人并不以为我的英文或拼写有多好。我有个维持了好几年的习惯，就是常常随身带着一本小笔记簿，上面记下了我常拼错的字。我虽然常常指正秘书所犯的错误，但她还是我行我素，一点也没有改进的意思。我决定改变方式，等第二次又发现她拼错时，我坐到打字机旁，告诉她说：‘这字看起来似乎不像，也是我常拼错的许多字之一，幸好我随身带有拼写簿（我打开拼写本，翻到所要的那页）。哦，就在这里。我现在对拼写十分注意，因为别人常常以此来评断我们，而且拼错字也显得我们不够内行。’我不知道后来她有没有采用我的方法。但很显然，自那次谈话之后，她就很少再拼错字了。”

承认一个人本身的错误——就算你还没有改正过来——也可以帮助改善行为。下面是克莱伦斯·泽休森讲述的故事。

他发现 15 岁的儿子正学着抽烟——“我自然不愿意大卫抽烟，”泽休森说道，“但是他的妈妈和我都抽烟，我们一直给孩子做出了不好的榜样。我向大卫解释，自己如何也在年轻的时候开始抽烟，如何为烟瘾所害，到现在已经是无法戒除了。我提醒他，我常咳嗽得很厉害，如果他抽上个几年，情形也会跟我一样。我没有劝他不抽，或是警告他抽烟的危险。我只是指出自己如何上烟瘾，然后受到如何的影响。大卫想了一阵子，决定在高中毕业前暂不抽烟。好几年过去了，大卫一直没有再抽烟，也没有想抽的意思。那次谈话之后，我也决定戒烟，由于家人的支持帮忙，我终于成大事了。”

有次鲁杰斯极荣幸地与资深的传记作家伊达·塔贝儿共进晚餐。鲁杰斯谈起正在写本书，于是他们便讨论起如何与人相处这个重要问题。她告诉他，在她写《欧文·杨传》的时候，曾和一位与杨先生共事3年的人谈话。这位先生宣称，他从未听过杨支使别人——他只是建议，不是命令。譬如，欧文·杨不会说“去干这个，干那个”或“别这么做，别那么做”，他会说“你可以考虑这样”或“你觉得那样有用吗”……他常常在口授一封信之后说：“你觉得这样如何？”在接过助手写的信之后，他会说：“也许这样写比较好些。”他不教助手做什么，而让他们自己去做，让他们自己在错误中学习。这种办法容易让一个人改正错误，保持个人的尊严。给他一种自重感。这样他就会与你保持合作，而不是背叛。无礼的命令只会导致长久的怨仇——即使这个命令可以用来改正他人明显的错误。宾州有位教师丹·桑塔雷利讲述了这样一件事。

有个学生把车子停在了不该停的地方，因而挡住了别人的通道。有个老师冲进教室很不客气地问：“是谁的车子挡住了通道？”等汽车主人回答之后，这位教师厉声说道：“马上把车子移开，否则我叫人把车拖走。”

这个学生是犯了错，车子是不该停在那里。但是，从那天开始，不只那个学生对老师心存不满，甚至别的学生也常常故意捣蛋，使那位老师过不好日子。

如果这位老师用不同的方式来处理这一事情，结果如何？他可以好好地问：“谁的车子挡住了通道？”然后建议这位学生移开车子，以方便别人进出。相信这个学生会乐意这么做，也不致引起其他学生的公愤。

伊安·麦当劳是南非约翰内斯堡一家小工厂的总经理。这家工厂专门制造精密机器零件。有人愿意向他们订购一大批货物，但要麦当劳先生确定能如期交货。由于工厂进度早已安排好，要在短时间内赶出一大批货，连麦当劳也不敢确定。麦当劳没有催促工人赶工，他只是召集了所有员工，把事情详细说明了一番，便开始提出问题。“我们有什么办法可以处理这批订货？”“有没有人想出其他办法，看我们工厂是不是可以赶出这批订货?”“有没有什么办法可以调整一下时间或个人分配的工作，以加快生产进度?”

员工们纷纷提出意见，并且坚持接下订单。他们用“我们可以做到”的态度去处理问题，结果他们接下了订单，而且如期赶出了这批订货。

几年前，通用电气公司碰到了一个棘手的问题，公司不知该如何安排一位部门主管查理·史坦梅兹的新职务。史坦梅兹原先在电气部门的时候，是个一级天才，但后来调到计算部门当主管后，却发现现在的工作非己所长，不能胜任。但公司领导不愿伤他的自尊，毕竟他是一个不可多得的人才——何况他还处事十分敏感。于是，当局给了他一个新头衔：通用公司咨询工程师——工作性质仍与原来一样——只是另换他人去主管那个部门。

史坦梅兹对于这一结局当然很高兴。通用公司当然也很高兴，因为他们终于把这位易怒的明星遣调成大事，而且没有引起什么风暴——因为他仍保留了面子。

保留他人的面子！这是一个何等重要的问题！而我们却很少会考虑到这个问题。我们常喜欢摆架子、我行我素、挑剔、恫吓、在众人面前指责孩子或雇员，而没有多考虑几分钟，讲几句关心的话，为他人设身处地想一下，要是这样，就可以缓和许多不愉快的场面。

纵使别人犯错，而我们是对的，如果没有为别人保留面子，就会毁了一个人。

44 谈论对方感兴趣的事

·成功的有效忠告·

如果要使别人立即喜欢你，请记住这条规则：同对方谈论他自己——要以一种诚恳的方式。

学会避开自己，而谈论对方感兴趣的话题，会有什么作用呢？

卡耐基曾讲过他班里的瑞安先生是如何欣赏别人的优点并取得显著的效果的。

在加入课程以后不久，律师瑞安先生同他的妻子驾着汽车到长岛去拜访他妻子的几家亲属。而他妻子却留下瑞安先生同她的一位老姑母谈话，她独自跑开去拜访几位比她年轻的亲属。因为瑞安要作一演讲，讲他如何实际运用欣赏的原则，所以他就想从那位老太太身上实验一下，所以他向屋子的四周一看，看看有什么他能真诚赞赏的。

"这屋子建造在1890年前后，是不是？"他问道。

"是的，"老太太回答道，"正是那年造的。"

"那使我想起我降生的屋子，"他说"极美丽，建筑得极好，很宽大。你知道，人们现在不再建造这样的屋子了。"

"你说得对，"这老太太同意着说，"现今的年轻人不在乎美丽的家庭了，他们所要的，不过是一所小公寓及一个电冰箱，然后出外在汽车中闲游。"

"这是一所理想的屋子，"她用颤动着温柔回忆的声音说。"这屋子是用爱情建造的。我的丈夫同我，在我们建造以前，梦想了多年，我们没有建筑师，都是我们自己设计的。”

然后她引导他参观这屋子，他对她由旅行中所搜集的，终身爱护的宝藏，表示真诚的欣赏：派斯莱披巾、一套古式英国茶具、凡其胡瓷器、法式床椅、意大利油画，及一床曾一度悬于法国封建时代的宫堡内的丝帷。

“在引导我参观屋子以后，”瑞安先生说，“她带我到汽车间。那里置放着一辆派克汽车，差不多是新的。”

“我的丈夫在他去世不久以前买了这辆车，”她轻轻地说，“我在他死后，从未乘过……你欣赏好东西，我要将这车送给你。”

“啊，姑母，”他说，“你使我不知如何是好了。我当然感激你的盛意；但我不能接受。我又不是你的直系亲属。我有一辆新车，而你有许多亲属喜欢那派克汽车”。

“亲属！”她大呼着说，“是的，我有亲属正在等我死，以便他们可得那汽车，但他们得不到的。”

“如果你不愿意把它送给他们，你可很简易地把它卖给一个旧车商。”他告诉她。

“卖掉！”她嚷了起来，“你以为我愿意卖这汽车吗？你以为我能忍受着生人坐在那汽车中，在街上来往，在那我丈夫为我买的汽车中吗？我做梦也不会想卖，我要送给你，你欣赏美丽的东西。”

他竭力避免接受这汽车，但他不能不接受，他怕伤她的感情。

这位老太太同她的派斯莱披巾、法国古董，及她的回忆独自留在一间大屋子中，正在渴求着一点他人的共识。她曾一度年轻美貌，且为人所追求；她曾一度建造一所屋子，有爱情的温暖，并自欧洲各国搜集了物品使之美观；现今在老年的孤独冷静中，她期望一点人情的温热，一点真实的欣赏——而没有人给她。当她找到时，就如同在沙漠中找到了泉水一样，她的感激不能用比一辆派克汽车的礼物更少的东西，完全表示出来。

卡耐基又举了一例：麦克马亨公司的总监，一位园艺工程师的故事。

在这位工程师听了如何交友及影响他人的演讲不久以后，他正为一位著名法官的地产布置园艺。这位主人出来给他提议几项事，在什么地方要栽植什么。

工程师说，“法官，你有一种很好的业余嗜好，我正在赞赏你的成果。我听说你每年在梅狄生方园举行的大规模的狗展览会中都要得到许多奖状。”

这点小小欣赏的表示，效果极惊人。

“是的。”法官回答说，“我对于我的狗的确很有兴趣。你要不要看看我的狗巢呢?”

法官费了差不多一小时功夫，给园艺工程师看他的狗，同它们所得的奖品。他甚至拿出它们的系谱来，讲解这种美貌及聪敏的血统原因。

最后他转向园艺工程师问道：“你有小男孩没有?”

“是的，我有的。”园艺工程师回答说。

“好，他喜欢小狗吗?”法官问道。

“嗄，是的，他一定会非常喜欢。”

“很好，我要给他一只。”法官宣布说。

于是法官就开始告诉园艺工程师如何喂养小狗，然后他停了一停。“我告诉你，你会忘记的，我要写下来。所以法官走进室内，将系谱及喂养方法，用打字机打好，给予了园艺工程师一只价值100元的小狗及他的1小时又15分钟的宝贵时间。这是由于园艺工程师对他的嗜好及成就表示真诚的欣赏之故。

从上面的例子中可以看到，真诚地关心别人，真诚地欣赏别人，别人才会真诚地关心你，因为任何人都在内心深处有被别人欣赏的需要。如果一个人只懂得孤芳自赏，那他决不可能会得到别人的赏识。赏识可以说是一块神奇的试金石，它能够探测出你在别人的心目中究竟居于什么地位，它更能够帮助你完成本来不可能完成的事情。

我们如何开始应用这种神奇的赏识试金石呢？为什么不从家里开始？你妻子一定有她的优点——至少你一度这样认为，否则你就不会娶她了。

但自问一下，从上次你称赞她的美丽以来，已经有多久了？

一篇署名陶乐丝的文章会给男人们提供一些贤明的建议：

在你学会欣赏别人之前，不要结婚。在婚前欣赏女人，是一种必然。但是在结婚之后欣赏她，就是一种真诚和安全的事了。

如果你想每天得到快乐，决不能责怪你妻子的治家本领，也不能拿她同你母亲做不恰当的比较。相反的，你要经常赞美她把家庭治理得井井有条，而且要公开表示你很幸运，娶了一个既有内在美，又有外在美的女人。甚至当牛排像牛皮、面包像黑炭时，也不要抱怨；只说这些东西没有她平常做得那么好，那她就会在厨房里拼命地努力，以便达到你对她理想的程度。

不要突然开始这么做——否则她会怀疑的。

但是今晚和明晚，带回一些花或糖给她，不要只是口头上说“我应该这么做”，要真的去做！同时，还要给她一个微笑，以及一些温暖的话语。如果有更多的妻子和丈夫这么做，那么在我们的婚姻中，肯定就不会每6对中就有1对要分道扬镳！

你想知道如何使一个女人爱上你吗？好的，下面就是那个秘诀，一定会有效的。赢得女人青睐的秘诀容易得很，你只要跟一个女人谈论她自己就得了。

这样的技巧对男人也同样有效。“跟一个男人淡论他自己，”他就会兴致勃勃地听下去。”英国前总理迪斯思利说。

因此，如果要使别人立即喜欢你，请记住这条规则：

同对方谈论他自己——要以一种诚恳的方式。因为，这是丢掉孤芳自赏，获得别人的好感的最佳表现形式。

45 人缘好，事好办

·成功的有效忠告·

多一份人缘，少一份烦恼。

好人缘是成大事者的因素之一，因为人缘越好，事情就越好办。某些成大事者人士总能够与别人相处得特别好，这到底有什么秘诀？

在我们认识的朋友当中，有人会特别吸引朋友与顾客。对于这样的人，你不禁感叹地说："他把人吸引到自己身边了！"

这真是一句妙词，一语而言中。

人并非是强迫他喜欢谁，他就会喜欢谁。

山姆·史特威特或许是我们直到目前为止碰到过的最优秀的人，但是我们不见得会选他做个人的朋友。如果要问理由，那只有一个：他不是一个能够填饱我们饥饿精神状态的男人。我们和山姆在一起觉得不自在。因为他所散发出来的优秀气势，让我们感到自卑。即使山姆这个人如何杰出，作为朋友，人们也会对他敬而远之。

下面列举的，是一般正常人所共同需要的两大基本渴望。利用这两种方法，就能与人很好的相处。

(1) 容纳

容纳是维生素剂。

每个人都希望自己完完全全地被接受，希望能够轻轻松松地与人相处。

在一般情况下和人相处时，很少有人敢于完完全全地暴露自己的一切。所以，一个人若是能让你感到轻松自在、毫无拘束，我们是极愿和他在一起的，也就是说，我们希望和能够接受我们的人在一起。专门找人家错处而吹毛求疵的人，一定不是个好亲人，好朋友。

请不要设定标准叫别人的行动合乎自己的准则。请给对方一个自我的权利，即使对方有某些变态也无妨。

别要求对方完全符合自己的喜好，以及行动完全符合自己的要求。

要让你身旁的人轻松自在。

能接受任性、残暴的人往往具有带动他人向上的最大力量。一个原本脾气暴躁、动作粗鲁的人，在不知不觉中却变成了一个和善、可靠的市民，问他原因，他回答说："我的太太信赖我。她从不责备我，只是一味地相信我，使我不好意思不改变。"

某位心理学家说：要改变一个任性或残暴的人，除了对他表示好意，让他自己改变之外，再也没有其他更好的方法了。

很多优秀的人，往往能影响本性善良的人，接受他们，使他们更好。但是对于任性、残暴的人，他们往往束手无策。为什么呢？因为优秀的那群人根本不能接受粗暴的人，甚至于避之如蛇蝎，在感情上并不相通，这怎么能让对方变好呢？

我们曾经和一位有名的精神科医生共进晚餐。话题谈到人际关系中的容纳问题，他说："如果大家都有容纳的雅量，那我们就失业了！精神病治疗的真谛，在于医生们找出病人的优点，接受它们，也让病人们自己接受自己。医生们静静地听患者的心声，他们不会以惊讶、反感的道德式的说教来批判。所以患者敢把自己的一切讲出来，包括他们自己感到羞耻的事与自己的缺点。当他觉得有人能容纳、接受他时，他就会接受自己，有勇气迈向美好的人生大道。"

鲁斯·哈比博士指出，如果每对夫妻都能牢记结婚仪式上的誓言："我不计较这个男人（或女人）的一切，我接受对方所有的行为。"就会挽回很多家庭的不和睦。

很多大企业家都说：

“我们要想提升某某人时，会先调查他的妻子。”

并非调查他们的太太长得是否很漂亮，或者很会做菜。而是她是否能让他的先生充满自信。

某些企业的老板说：

“做妻子要接受丈夫的一切。要让丈夫生活愉快，拥有满足感。当丈夫回到家里时，要替他装上自信的弹丸。这样做了丈夫就会想：‘她这样喜欢我，可见我在她心中有一定的位置，并非一文不值。’做妻子的若能爱丈夫，信任他，他就会拥有‘我一定能做好一切的’的自信。所以第二天出门时，他不怕任何困难的考验，会充满自信地接受挑战。”

相反，作为丈夫回到家里以后，妻子只会唠叨、抱怨不停，那他的斗志就会完全消失。

一个能容纳自己丈夫的人，她必会得到丈夫的更加怜爱。

人们愿意和能够容纳自己的人和睦相处。假如是因为妻子的缘故，让丈夫对自己失去信心而讨厌自己，那么，丈夫会随着自己自信心、自尊心的低落而对妻子不耐烦，彼此会因为吹毛求疵而感情低落，这样的结局就太煞风景了。

（2）承认

每个人的第二渴望就是承认。

承认比容纳更深一层。容纳，实际上是消极的作法。我们容纳对方的缺点与短处，伸出友谊的双手接受他们，这只是消极的作法。倘若是积极的做法，就是找出对方的长处，不光是停留在接受忍耐对方的缺点上。

人们都喜欢沐浴在承认的温馨之中。从这里也可发挥它的特性。

有一天，一位父亲带着自认为是无可救药的孩子到心理学医生那里去。那个孩子已经被严重灌输了自己没有用的观念。刚开始，他一语不发，怎样询问、启发，他也绝不开口。心理学家一时之间也真是无从着手。后来心理学家从他父亲所介绍的情况和所说的话里找到了医治的线索。他的父亲坚持着说：

“这个孩子一点长处也没有，我看他是没指望，无可救药了！”

心理学家开始应用承认的方法，找出他的长处。甚至可以说在这方面具有聪颖的天赋，还颇有高手的意味。他家里的家具被他刻伤，到处是刀痕，因而常常受到惩罚。心理学家买了一套雕刻工具送给他，还送他一块上等的木料，然后教给他正确的雕刻方法，不断地鼓励他：

“孩子，你是我所认识的人当中，最会雕刻的一位。”

从此以后，他们接触得频繁起来，在接触中，慢慢地找出其他事项来承认他。有一天，这位孩子竟然不用别人吩咐，自动去打扫房间。这个事情，使所有人都吓了一跳。心理学家问他为什么这样做?

孩子回答说：“我想让老师您高兴。”

人们都渴望着他人的承认。

要满足这项欲望并不难。

总而言之，一个人如果能够容纳别人，能够承认别人，他的周围就一定会聚集起许多的朋友，这也正是那些具有好人缘的人的与人相处之道。

多一份人缘，少一份烦恼。生活是个大舞台，你我他都在扮演着不同的角色，又不停地变换着角色，各个角色之间时刻进行着各式各样的人际交往。一个好的人缘就是一张广大而伸缩自如的关系网，用这张网你可以活得轻松自在、潇洒自如，塑造一个完美的人生。

莫洛是美国摩根银行股东兼总经理，当时的年薪高达一百万美元，忽然有一天，他放弃了这个人人钦羡的职务，而改任墨西哥大使，并因此震惊了全美国。

这位莫洛先生，最初不过是一个法院的书记，后来缘何有如此惊人的成就呢?

莫洛一生中最大的转折点，就是他被摩根银行的董事们相中，一跃而成为全国商业巨子，登上摩根银行总经理的宝座。据说摩根银行的董事们选择莫洛担当此重任，不仅因为他在企业界享有盛名，而实在是因为他具有极佳的人缘。

“人缘”这真是一个奇妙的名词啊!

凡特立伯任纽约市银行总裁时，他在雇用任何一位高级职员时，第一步要探听的便是这人是否有为人称道的人缘。

吉福特本是一个小小的店员，后来任美国电话电报公司的总经理，他常常对人说，他认为人缘是成大事者的主要因素，人缘在一切事业里均极其重要。

有些人生来具有过人的人缘，他们无论对人对己都非常自然，并不费力地便能获得他人的注意和真爱。而我们大部分人，就要为建立一个好人缘而付出努力。

不要忘了，人缘是你最大的资产。

十 办事讲章法，讲技巧

讲章法、讲技巧是培养办事资本的基本功。一个章法混乱、技巧笨拙的人肯定与成功绝缘。

46 要做就做最重要的事

·成功的有效忠告·

不论事情有多少，永远先做最重要的事情。坚持下去，你会在不知不觉中接近人生的大事。

把自己认为最重要的事情摆在第一位，这是一个好习惯，否则你就会被一些不重要的事耽误精力和时间。对于成大事者而言：永远先做最重要的事情，是他们最佳的工作习惯！

在现实生活中，各种事情每日里纷至沓来，令我们应接不暇。但是请记住。不论事情有多少，永远先做最重要的事情。坚持下去，你会在不知不觉中接近人生的成大事。

美国伯利恒钢铁公司总裁查理斯·舒瓦普向效率专家艾维·利请教“如何更好地执行计划”的方法。

艾维·利声称可以在10分钟内就给舒瓦普一样东西，这东西能把他公司的业绩提高50%。然后他递给舒瓦普一张空白纸，说：

“请在这张纸上写下你明天要做的6件最重要的事。”

舒瓦普用了5分钟写完。

艾维·利接着说：

“现在用数字标明每件事情对于你和你的公司的重要性次序。”

这又花了5分钟。

艾维·利说：

“好了，把这张纸放进口袋，明天早上第一件事是把纸条拿出来，做第一项最重要的。不要看其他的，只是第一项。着手办第一件事，直至完成为止。然后用同样的方法对待第 2 项、第 3 项……直到你下班为止。如果只做完第一件事，那不要紧，你总是在做最重要的事情。"

艾维·利最后说：

"每一天都要这样做——您刚才看见了，只用 10 分钟时间——你对这种方法的价值深信不疑之后，叫你公司的人也这样干。这个试验你爱做多久就做多久，然后给我寄支票来，你认为值多少就给我多少。"

一个月之后，舒瓦普给艾维·利寄去一张 2.5 万美元的支票，还有一封信。信上说，那是他一生中最有价值的一课。

5 年之后，这个当年不为人知的小钢铁厂一跃而成为世界上最大的独立钢铁厂。人们普遍认为，艾维·利提出的方法对小钢铁厂的崛起功不可没。

人们总是根据事情的紧迫感，而不是事情的优先程度来安排先后顺序，这样的做法是被动而非主动的，成大事人士一般不会这样工作。

时间管理的精髓即在于：分清轻重缓急，设定优先顺序。

成大事人士都是以分清主次的办法来统筹时间，把时间用在最有"生产力"的地方的。

面对每天大大小小、纷繁复杂的事情，如何分清主次，把时间用在最有生产力的地方，有三个判断标准：

（1）你必须做什么

这有两层意思：是否必须做，是否必须由我做。非做不可，但并非一定要你亲自做的事情，可以委派别人去做，自己只负责督促。

（2）什么能给你最高回报

应该用 80% 的时间做能带来最高回报的事情，而用 20% 的时间做其他事情。（巴莱托定律）

所谓"最高回报"的事情，即是符合"目标要求"或自己会比别人干得更高效的事情。

最高回报的地方，也就是最有生产力的地方。这要求我们必须辩证地看待“勤奋”。“业精于勤荒于嬉”。勤，在不同的时代有其不同的内容和要求。过去，人们将“三更灯火五更鸡”的孜孜不倦视为勤奋的标准，但在快节奏高效率的信息时代，勤奋需要新的定义了。勤要勤在点子上（最有生产力的地方），这就是当今时代“勤”的特点。

前些年，日本大多数企业家还把下班后加班加点的人视为最好的员工，如今却不一定了。他们认为一个员工靠加班加点来完成工作，说明他很可能不具备在规定时间内完成任务的能力，工作效率低下。社会只承认有效劳动。

勤奋已经不是时间长的代名词，勤奋是最少的时间内完成最多的目标。

伟大的苏格拉底说：

“当许多人在一条路上徘徊不前时，他们不得不让路，让那些珍惜时间的人赶到他们的前面去。”

（3）什么能给你最大的满足感

回报最高的事情，并非都能给自己最大的满足感，均衡才有和谐满足。因此，无论你地位如何，总需要分配时间于令人满足和快乐的事情。惟如此，工作才是有趣的，并易保持工作的热情。

通过以上“三层过滤”，事情的轻重缓急很清楚了，然后，以重要性优先排序（注意，人们总有不按重要性顺序办事的倾向），并坚持按这个原则去做。你将会发现，再没有其他办法比按重要性办事更能有效利用时间了。

“永远先做最重要的事情”，这不仅仅是一句格言，更是在日理万机中有条不紊的良好习惯。

47 向要害问题开刀

·成功的有效忠告·

如果现在你还没有明确的个人信念，不妨通过下面的方法获知究竟什么事情对你是最关键的：

(1) 列出你认为“最重要的”三四件事。

(2) 想想你有什么长期目标？

(3) 想想看，人生中最重要的人际关系是什么？

(4) 想想看，你最希望有什么贡献？

(5) 重新思索你最希望得到的感受是什么，是和平、信心，快乐、意义，还是有所贡献？

(6) 假设你只有六个月的寿命，想想看，这个星期你要做些什么？

所谓向要害问题开刀，即遇到任何事情，都要有从主要问题入手的习惯，即从关键处下手，避开细枝末节，这样能事半功倍。成大事者习惯就是这样。

罗杰有个朋友是企管顾问，几年前他要搬新家，决定清一个女性朋友帮他做庭院设计。这个设计师是园艺学博士，学问好又聪明。

这个主人自己有很多构想，因为他很忙，又经常远行，所以一再向女设计师强调，庭园的设计一定要让他不用经常维护，自动混水装置等省力的设计更非常关键。总之，他一直设法减少需要花在维护庭园上的时间。

最后女设计师忍不住对他说：“我懂你的意思。但有个道理你应该事先明白，没有园丁，就不可能有花园。”

其实多数人都有过类似的想法，如果花园（甚至生活）能有自动维护设备，不必去理会，而结果却繁花似锦，仿佛经年累月有人在细心照应一般，那该有多好。

可惜人生不是如此。我们不能撒几颗种籽，什么都不管就走开去做别的事，却期待着回来时能看到花团锦簇，然后悠闲地去采一篮子的花生、玉米、马铃薯、萝卜。唯有平常不断地灌溉、栽培、除草，才可能享受丰收的快乐。

当然，无为而治是可以生活，花园中也会长出点什么。不同的是辛勤的园丁会有美丽的园圃，散漫放任的结果必然是荒草蔓生。

在这里要告诉你的，就是办事情要抓关键，就是要找出人生中最重要的花草，全力去栽培。而且播种、灌溉、除草，每个关节都不能忽略，也就是将人生的圆满建立在“重要性”的观念架构上。每周只需花费 30 分钟，你就能得到数倍的效果。而且不管你目前的生活品质如何，运用以下方法就能立竿见影。订定人生关键的实现计划，发挥潜能以追求符合自然原则的圆满人生。

我们的建议另有一层裨益，是让你将实现办事情要抓关键的计划融入日常生活中。而且在实现的过程中，你将更信守承诺，也更能以均衡、合乎自然原则的方法把最重要的事列为当务之急。

我们建议你仔细看看下面提到的几点，最好用笔记下来。投入的心力愈多，效果愈明显。

你不妨利用计划表来安排下周的生活。

我们的计划表与一般表不同的地方是以周为单位，而非以天为单位。以周为单位，我们会有更宽广的视野。拉远了镜头，我们才能“见山不是山”，也才能以相对重要而关键的观点来评论每日的生活。

当你开始为下周生活做安排时，第一步应探讨你整个生命中最需要办的关键的事情是什么？你的人生意义何在？要想得到答案，你必须先对下面问题有明确的期许：

第一，什么是最重要的事？

第二，你的人生意义何在？

第三，你希望成为什么或完成什么？

很多人会把答案写下来，作为个人的信念或使命。其中包含的不只是你对生命的期望，也透露出这期望背后的原则。你对上述问题一定要有清楚的答案，因为你的目标、每一次抉择、观念架构、时间安排，一切一切都会受到影响。

如果现在你还没有明确的个人信念，不妨通过下面的方法获知究竟什么事情对你是最关键的：

（1）列出你认为“最重要的”三四件事。

（2）想想你有什么长期目标？

（3）想想看，人生中最重要的人际关系是什么？

（4）想想看，你最希望有什么贡献？

（5）重新思索你最希望得到的感受是什么，是和平、信心，快乐、意义，还是有所贡献？

（6）假设你只有六个月的寿命，想想看，这个星期你要做些什么？

好好思索下面问题，你就能了解办事情要抓关键的重要性：

（7）假如你对自己的原则、价值观、终极目标有清楚的认识，这对你如何安排时间有什么影响？

（8）如果你知道最重要的是什么，你对生命会有什么不同的看法？

（9）如果你把人生的意义写下来，对你有什么价值？这会影响你如何安排时间与精力的运用吗？

（10）如果你每天检讨一遍这样的书面信念，是否会影响你在这一天中所做的事？

如果你已经有这样一篇书面信念，在你还没有计划未来一天怎么过以前，现在就拿出来检讨，反省你内心觉得最重要的事。如果现在还没有把你的信念写下来，请花一点时间查看内在的“软盘”，想想看你生命中最重要的究竟是什么。

有了这样一个清单后，在未来的生活道路上，你就可以掌握什么事是你必须去做的，什么事是会浪费的你的精力的。在解答了上面清单中的问题后，你就会明白，生活其实就是各种角色的串连，这里所说的角色当然不是虚假或演戏的意思，而是指我们选择去担当什么。我们可能在工作、家庭、社区等各方面扮演很重要的角色，角色代表的是我们在处理责任、人际关系以及贡献心力时能否站在最关键的位置上。

人生有很多痛苦，常是因为我们自知虽然成大事能扮演某一角色，却牺牲了另一个可能更重要的角色。比如你可能是某家公司的副总裁，而且做得有声有色，但却不是一个好爸爸或好丈夫。你可能善于满足客户的需求，却常无法满足个人发展与成长的需求。

如果你对各个角色间的关系有清楚的认识，生活自然能维持秩序与均衡。而清楚的信念可自然衍生各个角色的定位。要在不同角色间取得均衡，并不是指花在每个角色的时间要均等，而是指要从这些不同的角色中抓住最关键的、最需要你下决心去完成的事情去做，只要掌握了办事情要抓关键这一原则，你的人生肯定会与众不同。

48 不可死板，需要创造

·成功的有效忠告·

我们一定要开动脑筋，积极地思考如何工作，切勿认可借口和狡辩，这只是自己害自己。

通常做工作有两种方式：一死板，二创造。这与一个人的品性有关。完善个人创造的品性，尤为重要，它能让你超越平凡。

美国有一位有“银山之王”的称号，而且传说能“点石成金”的H.W. 铁巴，曾是个居无定所的醉汉。他身无分文地出发到西部去，得机会爬上了大富豪的地位。但是，他的荣华并不太长久。他再度没落，又拿起铲子和鹤嘴锄，做着不能再实现的荣华富贵梦死去。由身无分文而筑起了巨大的财富，又返回一文不名的没落境地。

他的没落是因为奢侈的生活和愚蠢的生活态度。他沉溺于酒色，却不断地为自己的行为辩护，欲以之欺诳世人，时至今日，迷尼矿山仍是西部人津津乐道的话题。迷尼矿山起初为铁巴所有。这座银山，对处于鼎盛时期的大银王来讲，确实是微不足道的。况且，他认为那矿山的石质并非太好。于是迷尼矿山在不知不觉间，从他的手里滑掉了。

一个由费城赶来的，斜肩穷相的人，以分期付款的方式买了这座矿山。铁巴穿着华贵合身的罗纱衣服，捻着胡须，不屑地微笑着说：“哼！这家伙——马叶勒·格肯海姆，将他一辈子辛辛苦苦攒下的钱，投进这座废矿，不变得身无分文才怪呢！”可是这位荷兰籍的费城人，并不把矿山闲置着，不到6个月，他挖掘到了丰富的新银矿脉，格肯海姆的好运来到了。

那时候，铁巴已急转直下地走下坡路了。为酗酒和女人所编造的那种借口，终于使他的运气逆转了。

相反的是，纽约首屈一指的毛纺织品批发商杰姆斯，有一年雇佣了一个少年杂役，名叫乔瑟夫。他每天早晨6点钟要到达弗兰克林街的办公室，在7点30分办事员们到来之前，把全部办公室打扫整理好。白天一整天，还得为一位患肠胃病的董事，来回不断地送热水。

周薪升到5美元的时候，乔瑟夫断然地申请到外面去推销毛纺织品。他既年轻，身体又弱小，然而居然得到准许，做了推销员。不久，他便能取得订货了。

有名的1888年大风雪袭击了全纽约。就在这大灾难之后不久，一般推销员都在将近中午时分才赶到弗兰克林街的办公室，争先恐后地集拢到火炉旁，尽兴地聊着天。

那天下午相当晚了，大门开处，一股寒冷刺骨的北风直冲进来。同时，几乎冻僵了的乔瑟夫，像醉汉似地摇晃着蹒跚地走了进来。

“这是董事先生来上班了;”老资格的推销员讽刺地说。

“不过，我把今天应做的工作全做完了。”乔瑟夫回答道，“像这样的大雪，我更加奋发。而且在这样的天气里，不会有竞争的对手，所以给客人们看了更多的样本。我今天得到了43件订货。”

乔瑟夫立刻调升为正式的推销员，薪水也加倍了。他后来成了世界最大的不动产商人。他是一个办事的天才，从来就不曾有过制造借口或辩解的念头。他知道，“今天不成”和“永远不成”两者意思相同。

天气，对于怠惰者可造成无穷尽的借口。比如：做这件事情，天太热了，或者说，太冷了，下雨不便，风刮得太大，天气变坏了，等等。他们在说这些话的时候，错过了良好的机会，终至不可救药。

“要有更好的工作地方，设备更加齐全的地方……”这也是常见的辩解之地。可是，居里夫妇竟在荒废的老屋中成功地分离了“镭”。普雷谢在更狭窄、更破旧的木屋里，制造了近代的天文望远镜。罗奇丹斯基在维也纳的仓库内，学习了病理解剖学。爱因斯坦在厨房里，构想相对论。

工作场所的简陋并不能挫折工作热情，工作热情受挫的根本原因在人本身。

“周围的人真可恶，叫我无法工作。”这也是怠情者常找的借口。

康纳的《贺尔摩斯》中的几篇，是在嘈杂喊叫的屋子的角落里写成的。乔勒瑞·山特在朋友的包围中，一边应酬着，一边挥着钢笔。写作本来是个需要高度集中精力的工作，但他们并不因有人在旁而心乱神昏，把工作耽搁下来。

“不知道该怎么办才好。”狡猾的怠惰者说道。是的，也许真的不知道，但若不试着做做看，将永远不会知道。

“试着做一做，这太冒险了……”这也是常常听到的话。如果不努力试试看自己能做多少，那是否定自己能力的怯懦者。

“我的身体怕会受不了。”这是宠惯自己的谨慎者的消极想法。

“让别人做，可能做得更好。”这是本来可以借此机会来增加自己的能力，却任其机会消失的一种借口。

“我十分尽力地做着。”装扮成十分忙碌的伪善者会这样的辩解。

“没有人感谢，为什么一定得做呢?”这是逃避自己工作的又一种借口。

“做一做是可以的。不过那么一来，便会被认为那是应当的，因而招来更多的工作。”这种辩护，在不知不觉中会使自己的能力降低。

“不那样努力也可以，反正钱是赚定了。”这是认为人只是为赚钱而工作的那种人的借口。

以这些消极的想法而浪费掉的时间和能力，是令人惋惜的。

因此我们一定要开动脑筋，积极地思考如何工作，切勿认可借口和狡辩，这只是自己害自己。

养成工作的习惯吧！那些被世界称誉为伟人的人物，之所以比普通人优秀，不外乎他们具有创造性的工作习惯。不论他们是否受惠于天赋的才能，总之他们做了天才的工作，收获了天才的果实。他们每个人都有适合自己特点的独特的工作习惯，那就是：

(1) 他们在工作之际，不仅考虑眼前的事情，而且有计划长远目标的习惯。他们向着预定的目标前进，而那目标会使他们焕发出不屈服于任何困难和障碍，勇往直前的力量。

(2) 他们有毅然执行计划的习惯。他们驱除分神乱心的诱惑，有为着将来而暂时隐忍的勇气。这便是有先见之明。

(3) 他们对无益于工作的事情，经常有说“不”的习惯。他们努力直趋正道，不入歧途。

(4) 他们有阅读对工作有帮助的书籍报刊的习惯。他们不断地吸收新观念和新知识。

(5) 他们有将不愉快的工作尽先尽快地处理完的习惯。他们不会因拘泥于过去，而迟缓了现在的活动。

（6）他们有自动工作、不怠慢工作的习惯。

（7）他们对细小的事情都有快刀斩乱麻，迅速加以解决的习惯，并能不厌其烦仔细周到地思考下一步要做什么。

（8）他们有强而有力并且迅速开展工作的习惯，大都习惯于很早就起来工作的人，他们不会让脚下的杂草蔓延。

（9）他们有以优秀技工的精神劳作的习惯。对工作并不太重视“量”，而更加注重“质”。绝不粗制滥造，争取每一项工作都能取得满意的成果。

（10）他们有利用闲暇，同一时刻做两项工作的习惯，即使很短暂的时间也不虚掷，充分地加以利用，最忌无所事事地浪费时间。

（11）他们有和别人协作的习惯，善于训练他人，使其成为自己的耳目、手足和脑子。

（12）他们有制定超过金钱价值的目标，并为之工作的习惯。完美的工作对于他们是比金钱更佳的报酬。

（13）他们有给予自己更多工作的习惯。他们不断地提高自己的能力，迅速地加快工作速度，以便能担当更多的工作，以拓宽其前进的道路，而避免陷于守旧。他们认真工作，给自己增加压力，布下“背水之战”，并勇敢地迎接挑战。

（14）他们对自己所做的事情负责，绝无寻找不工作的借口或为自己辩解的习惯。与其为自己的运气欠佳而不平，不如鞭策自己奋发。

成大事人士与这些良好的习惯为友，完成了工作，并且成就了伟大的事业，十分快乐地享受着人生，所以他们憎恨借口，从不怨天尤人。

49 做力所能及的事

·成功的有效忠告·

“该干什么”和“不该干什么”，是你对自己究竟有哪方面强项的慎重考虑！

找到自己喜欢的工作，就是能给自己究竟能干什么予以准确的定位，做到力所能及。如果力所不及，不但不能成事，反而败事。

“该干什么”和“不该干什么”，是你对自己究竟有哪方面强项的慎重考虑！如果你已经到了18岁，那么你可能要作出你一生中最重要的两个决定——这两个决定将深深改变你的一生，影响你的幸福、收入和健康，这两个决定可能造就你，也可能毁灭你。那么这两个重大决定是什么？第一，你将如何谋生？也就是说，你准备干什么？是做一名农夫、邮差、化学家、森林管理员、速记员、兽医、大学教授，还是去摆一个摊子？第二，你将选择一个什么样的人生伴侣？

对有些人说，这两个重大决定通常像在赌博一样。哈里·艾默生·佛斯迪克在他的一本书里写道：“每位小男孩在选择如何度过一个假期时，都是赌徒。他必须以他的日子作赌注。”那么你怎样才能减低选择假期中的赌博性呢？

首先，如果可能的话，应尽量找到一个自己喜欢的工作。有一次，我请教轮胎制造商古里奇公司的董事长大卫·古里奇，我问他成大事者的的第一要件是什么，他回答：“喜欢你的工作。”他说：“如果你喜欢你所从事的工作，你工作的时间也许很长，但却丝毫不觉得是在工作，反倒像是游戏。”

爱迪生就是一个好例子。这个未曾进过学校的报童，后来却使美国的工业革命完全改观。爱迪生几乎每天在他的实验室里辛苦工作18个小时，在那里吃饭、睡觉。但他丝毫不以为苦。“我一生中从未做过一天工作，”他宣称，“我每天其乐无穷。”所以他会取得成大事者！

卡耐基曾听见查理·史兹韦伯说过类似的话。他说：“每个从事他所无限热爱的工作的人，都能成为成大事者。”

也许你会说，“刚人社会，我对工作都没有一点概念，怎么能够对工作产生热爱呢?”艾得娜·卡尔夫人曾为杜邦公司雇佣过数千名员工，现为美国家庭产品公司的公共关系副总经理，她说：“我认为，世界上最大的悲剧就是，那么多的年轻人从来没有发现他们真正想做些什么。我想，一个人如果只从他的工作中获得薪水，而别无其他，那真是最可怜的了。”卡尔夫人说，有一些大学毕业生跑到她那儿说：“我获得了达茅斯大学的文学士学位或是康莱尔大学的硕士学位，你公司里有没有适合我的职位?”他们甚至不晓得自己能够做些什么，也不知道希望做些什么。因此，难怪有那么多人在开始时野心勃勃，充满玫瑰般的美梦，但到了40多岁以后，却一事无成，痛苦沮丧，甚至精神崩溃。事实上，选择正确的工作，对你的健康也十分重要。琼斯霍金斯医院的雷蒙大夫与几家保险公司联合作了一项调查，研究使人长寿的因素，他把“合适的工作”排在第一们。这正好符合了苏格兰哲学家卡莱尔的名言：“祝福那些找到他们心爱的工作之人，他们已无须祈求其他的幸福了。”

卡耐基最近曾和索可尼石油公司的人事经理、《求职的六大方法》一书作者保罗·波恩顿畅谈了一晚上。卡耐基问他：“今日的年轻人求职时，所犯的最大错误是什么?”“他们不知道他们想干些什么，”他说，“这真叫人万分惊骇，一个人花在选购一件穿几年就会破损的衣服上的心思，竟比选择一件关系将来命运的工作要多得多——而他将来的全部幸福和安宁全都建立在这件工作上了。”

面对竞争日益激烈的社会，你该怎么办呢？你应如何解决成大事这一难题？你可以利用一项叫做“职业指导”的新行业。也许他们可以帮助你，也许将会损害你——这全靠你所找的那位指导者的能力和个性了。这个新行业距离完美的境界还十分遥远，甚至连起步也谈不上，但其前程甚为美好。你如何利用这项新科学呢？你可以在住处附近找出这类机构，然后接受职业测验，并获得职业指导。

当然他们只能提供建议，最后作出决定的还是你。记住，这些辅导员并非绝对可靠。他们之间经常无法彼此同意。他们有时也犯下荒谬的错误。例如，一个职业辅导员曾经建议一位学生作一位作家，仅仅就是因为她的词汇很广。多荒谬可笑！事情并不那样简单，好作品是将你的思想和感情传给你的读者——要想达到这个目的，不仅需要丰富的词汇，更需要思想、经验、说服力和热情。建议这位有丰富词汇的女孩子当作家的这位职业辅导员，实际上只完成了一件事：他把一位极佳的速记员改变成一位沮丧的准作家。

想说明的一点是，职业指导专家——即使是你和我，也并非绝对可靠。你也许该多找几个辅导员，然后凭普通常识判断他们的意见。

你也许会觉得奇怪，为什么？要在这里提一些令人担心的话。但如果你了解，多数人的忧虑、悔恨和沮丧，都是因为不重视工作而引起的，你就不会觉得奇怪了。关于这种情形，你可以问问你的父亲、邻居，或是你的老板。智慧家约翰·史都家·米勒宣称，工人无法适应工作，是“社会最大的损失之一”。是的，世界上最不快乐的人，也就是憎恨他们日常工作的“产业工人”。

你可知道在陆军“崩溃”的是那种人？他们就是被分派到错误单位的人！这里所指的并不是在战斗中受伤的人，而是那些在普通任务中精神崩溃的人。威康·孟宁吉博士，是当代最伟大的精神病专家之一，他在二次大战期间主持陆军精神病治疗部门，他说：“我们在军中发现挑选和安置的重要性，就是要使适当的人去从事一项适当的工作……最重要的是，要使人相信他手头工作的重要性。当一个人没有兴趣时，他会觉得他是被安排在一个错误的职位上，他会觉得他不受欣赏和重视，他会相信他的才能被埋没了，在这种情况下，我们发现，他若没有患上精神病，也会埋下精神病的种子。”

是的，为了同一个原因，一个人也会在工商企业中“精神崩溃”，如果他轻视他的工作和事业他也可以把它搞砸了。

菲尔·强森的情况，就是一个好例子。菲尔·强森的父亲开了一家洗衣店，他把儿子叫到店中工作，希望他将来能接管这家洗衣店。但菲尔痛恨洗衣店的工作，所以懒懒散散的，提不起精神，只做些不得不做的工作，其他工作则一概不管。有时候，他干脆“缺席”了。他父亲十分伤心，认为养了一个没有野心而不求上进的儿子，使他在他的员工面前深觉丢脸。

有一天，菲尔告诉他父亲，他希望做个机械工人——到一家机械厂工作。什么？一切又从头开始？这位老人十分惊讶。不过，菲尔还是坚持自己的意见。他穿上油腻的粗布工作服工作，他从事比洗衣店更为辛苦的工作，工作的时间更长。但他竟然快乐得在工作中吹起口哨来。他选修工程学，研究引擎，装置机械。而当他在 1944 年去世时，已是波音飞机公司的总裁，并且制造出“空中飞行堡垒”轰炸机，帮助盟国军队赢得了世界大战。如果他当年留在洗衣店不走，他和洗衣店——尤其是在他父亲死后——究竟会变成什么样子呢？他会把整个洗衣店毁了——破产，一无所得。

十一 掌握推销自己的要诀

推销自己是成功的一种最实际的标志。许多人总想依靠别人来成功地推销自己，实际上，推销自己的主人就是你本人，你应当发现推销成功的资本。

50 改正得过且过的陋习

·成功的有效忠告·

工作上被人看不起与自己的工作态度有太大的关系，如果你能力一般但拼劲十足，人们也还是会尊敬你。

有很多人在从事一项工作时，得过且过，甘愿做一个掉在队伍后面的“末等公民”，而不能根据自己的强项，去争做“一等公民”，因此无法成大事。

如果你已经踏人社会，并有些工作经验，就会发现，不管是在哪个单位都有一种现象：有些人总是受人敬重，有些人就是被人看不起。那些被人看不起的人也许有少数人日后会出人意料地有所发展，但绝大多数人还是不怎么样，怎么也被人看不起。

当你走上社会之后，工作就是你一生的重头戏，你要靠工作来养家糊口，要在工作中发挥才能，实现自我。因此，当你走上工作岗位之后，一定要记住：别在工作上被人看不起！被人看不起虽然不一定会影响你的一生，但绝对不是件什么好事，对你也不会有什么积极的一面。

一般来讲，工作上被人看不起的人大致有以下几种：

混日子型——这种人不把工作当一回事，不但表现不积极，连犯错也不在乎，他心里总是想“反正混一口饭吃”，他总是采取一种应变的态度：“此处不留人，自有留人处”。这种人让人看不惯，可是他每天准时上下班，对人又客气得要命，让你抓不到他的小辫子。这种人自己好像过得很舒服，其实人家早在心底把他看轻。

看轻工作型——这种人常说“这工作有什么了不起？”或是“这职位

有什么了不起?”一副怀才不遇的样子。他看轻自己的工作和职位；既然不喜欢，可他又不走，这样他的行为就刺激了其他兢兢业业工作的同事，于是他们也就看不起他了。

迟到早退型——每个人都免不了迟到早退，可是不能经常如此，虽然老板有时不知道，但同事们却会在乎，因为他们觉得不公平，可是他们又不习惯，也不愿和你一一样迟到早退，同时也没立场说你，在拿你没办法的情况下，就看轻你了。也许你有特殊的个人原因，可是别人是不管这些的，除非你有很好的工作能力和绩效，让其他人不得不服你！

混水摸鱼型——这种人机灵狡猾，看起来工作很认真，其实都是在做样子，他永远不必承担责任，但永远有好处可得。虽然能言善道，人缘不错，但实际上别人早在心里看不起他！

其他还有很多种类型，如争功诿过型、孤芳自赏型、独善其身型，但这几种都比不上前几种更易使人被看轻。如果你属于其中的一种，那你就是不敬业。你不敬业，——则无形之中刺激、羞辱了那些敬业的同事，他们会看轻你以示报复；一则让人认定你是个不求上进的无赖、混混，如果你的这种表现也被主管和老板知道，那你就别想在工作上有所表现了！因为他不敢好好用你！

也许你会说，被人看轻就被看轻吧，有什么了不起的？其实被人看轻的主要不利不在于别人，而是你自己。如果你因不敬业而被人看轻，这些评语会到处传播，这对你相当不利，事态若太严重，你甚至连新的工作都会找不到，因为同行一定知道你不敬业，在一个单位，谁敢用一个不敬业之人呢？如果你不敬业，就算人们不去四处散播，那对你也没有好处，因为你无法从工作中汲取更多的经验，而一旦养成了一种不敬业的习惯，你一辈子就别想出头了！

工作上被人看不起与自己的工作态度有太大的关系，如果你能力一般但拼劲十足，人们也还是会尊敬你。但他们不会尊敬一个能力很强，但工作态度不佳的人。如果你能力平平又不敬业，那别人肯定会看不起你——甚至会有卷铺盖走路的可能！

有的人认为，要想改变自己在工作中被人看不起很困难，其实并非如此。每天早晨，只要我们下定决心：要力求在职务上做得更好些，较昨天当有所进步，而晚上离开办公室、离开工厂或其他工作场所时，一切都应安排得比昨天为好。这样做的人，在短短的一年之内其业务必定有惊人的成就。

大多数人的弊病是，他们认为要改进自己在工作中被人瞧不起是一项一蹴而就的工程。他们不知道改进的惟一秘诀，乃是随时随地求改进，在小事上求改进，所谓大处着眼，小处着手。其实，也只有随时随地地求改进，才能收到最后的成效。

如果把这句话挂在自己的办公室里，一定会有所功效："今天我应该在哪里改进我的工作？"

如果你能在事业起步阶段就把这句话作为格言，就会产生无穷的影响力。你会随时随地求进步，你的工作能力就会达到一般人难以企及的程度，你最终会取得极大的成就。

51 善于推销自己

·成功的有效忠告·

推荐自己必须先引起别人注意，如果别人不在意你的存在，那就谈不上推荐自己。

自我推销的确是件难事。很多人在自我推销的时候，总会遇到各种各样的拒绝，从而失去了一次次参予竞争，成就自我的机会。成大事者善于推销自我，靠的是什么呢？

青年在求职过程中，只有充分掌握这门艺术，才能顺利的找到自己满意的工作，下面是自我推荐的八大要领：

（1）推荐自己要有自己的特色。

推荐自己必须先引起别人注意，如果别人不在意你的存在，那就谈不上推荐自己。那么，如何引起别人的注意呢？关键是要有自己的特色。这里的所谓特色，并非文凭、哪个单位鉴定合格不合格等，而是使对方认为你有自己的独道之处。

（2）推荐自己要善于面对面。

人们通过面试可以推荐自己，说服对方，达成协议，交流信息，消除误会。面对面推荐自己时，应注意遵守下面规则：依据面谈的对象、内容做好准备工作；语言表达自如，要大胆说话，克服心理障碍；掌握适当的时机，包括摸清情况、观察表情、分析心理、随机应变等。

（3）推荐自己要有灵活的指向。

人有百种，各有所好。对人才的需求也是这样。假如你尽管针对对方的需要和感受仍然说服不了对方，没有被对方所接受，你应该重新考虑自己的选择。倘若期望值过高，目光只盯着热门单位，就应适时将期望值降低一点，目光多盯几个单位；还可以到与自己专业技术相关或相通的行业去自荐。美国咨询家奥尼尔如是说：“如果你有修理飞机引擎的技术，你可把他变成修理小汽车或大卡车的技术。”

（4）推荐自己应以对方为导向。

在推荐自己的时候，注重的应该是对方的需要和感受，并根据他们的需要和感受说服对方，并被对方接受。假若你想去的单位是家报社，那么你必须了解这家报纸的特点。这家报社在全国各家报社中的地位及发展前景，更重要的是你要知道报社需要哪类人员，然后再去面试，这样成功的概率就会高些。

（5）推荐自己要灵活运用宣传手段。

从事宣传时，应以简短的自传形式扼要概括自己的简历、才能、发明创造、贡献、目标、理想、爱好等，分寄给你认为有可能对你感兴趣的单位和部门。也可以通过熟人、亲友等传递，还可以通过登广告的形式，向对方推荐自己。

（6）推荐自己要注意控制情绪。

人的情绪有振奋、平静和低潮等三种表现。在推荐自己的过程中，善于控制自己的情绪，是一个人自我形象的重要表现方面。情绪无常，很容易给人留下不好的印象。为了控制自己开始亢奋的情绪，美国心理学家尤利斯提出三条有趣的忠告“低声、慢语、挺胸”。

（7）利用履历表或申请表把自己推荐给对方。

为此，要做好以下几点：一是尽可能了解对方的情况，搞清楚对方的要求及自己是不是够资格。二是搜集能够证实你的身份、履历、特长等方面的文件和材料，这些有助于对方评估你的素质。三是介绍材料应实事求是，简明扼要。四是字迹要端正、清楚，切勿龙飞凤舞。否则，对方连阅读都困难，就很难对你感兴趣。

（8）推荐自己应知难而退，另找门路。

推荐自己有时不一定会成大事者。你去面谈求职，谈到一定时候，如果发现时机不对或对方不感兴趣，就要“三十六计，走为上策”。这时候，表现要冷静，不卑不亢地表明态度，或者自己找个台阶下，给人留下通情达理的印象。推荐不成大事者，可能错在自己，比如：资格不够，业务不对口，自己言语不当或过分挑剔等；也可能错不在你，而是对方要求过高，性别歧视，没有诚意。这时，你要知情而退，另找门路。

照美国拉嘉斯大学调查统计，凡是应征者获接见者所碰到提问的问题，比较常见的不过是十几条左右，只要你能好好地准备一下，对你的面试必有很大的帮助。

这十几条较笼统性的问题就是：

（1）给我们谈谈你个人的一些情况；

（2）在此之前，你在什么地方做过事？

（3）你为什么喜欢做我们这种工作，以前有做过这种工作的经验吗？

（4）为什么你离开以前的工作？

（5）你打算把这种职业做终身职业吗？

（6）除此之外，你还喜欢什么工作？

（7）在经济上你有什么要求？

（8）你能刻苦耐劳吗？

（9）除了你现在应征的工作之外，你还愿意做些其他零碎的事情么？

（10）你来工作，是为了赚薪水，还是学些经验？

（11）你有信心胜任这个工作吗？

（12）你对此处所经营的事业，过去有所认识么？

（13）你来应征前到别处应征过吗？

（14）你想找一份什么样的职位？

（15）你的弱点或者不足是什么？

（16）你知道我们的竞争对手是哪——家公司吗？

（17）你认为自己能充分发挥自己的优势吗？

（18）你内心对这家公司的印象如何？

（19）你喜欢这个环境吗？

要留意，凡是负责接见求职者的人，你要假定他们都有锐利的眼光、正确的判断，他们会一眼就看出你有没有交际的经验。大多数善于交际的人，都有掩饰其本身弱点的习惯，这并不为对方所喜，因为对方接见你，就是想了解你的真相，所以你说的话一定要让他们深信不疑。

面试时，大家都抱着很大的成大事者希望，害怕失败，这种心态会导致患得患失，斤斤计较。遇到不顺利或出现错误，就容易气馁或造成过度紧张，而不能发挥正常水平。最好的办法是不要过分有非得到不可的态度，这样遇事反而就容易坦然处之。

有这么一个笑谈：某公司招聘雇员，面试时，主试者问某应征者："你初恋过多少次？"

应征者答："三次"。

他答得很"可爱"，引得主试者哈哈大笑起来，因为初恋只能有一次。这就是应征者由于情绪紧张造成的。

除了上述笼统性的询问之外，你还要"应酬"其他的问题，包括有：关于你应征的公司或机构的事情，关于你的待遇和日常生活的事情，关于你的性格和健康的事情，关于你的思想和趣味的事情，关于结婚和家庭的事情，关于家庭和学业的事情等。

依照许多位主试者的见解，他们对于来应征的人谈到机构本身的事时“茫然不知”，心里极不愉快。

例如，某汽水厂招聘职员，一定问及“你以前有喝过我们的汽水吗?”之类的事情，答以“喝过”是不够的，因为他还会问你“觉得我们的汽水与别的汽水有什么不同之处”等等。

有人在问及待遇问题时，大都会答以“只求录用，薪金不论”，或者“金钱对于我不那么重要——机遇才是我最关注的”，这也不是最好的答复。

金钱的重要不仅在于说明它如何来支配生活，而且在于表明这份工作和工作职位的重要。在事前你需要掂量一下“一般情况下，他们对这样的职位会付给多少”，你可根据这项工作的性质、难度和你本人的素质，提个不高不低的范围。提少了，对方怀疑你是否有真本事，要求太高，对方会认为你太挑剔太讲究。

记住，薪水的问题不是你提出多少他们就会给你多少的，他们或许在事前就已定了下来。只要是个有前途的职位，不必现在就计较得失。

在此基础上巧妙地表达出你的意愿，要注意说得实在。主试者一般不会对你产生误会的。因为活在这个世上的每一个人都明白：金钱不是万能的，但没钱却是万万不能的。

至少，你还可以这样表示：“最好能够有较佳的待遇”，或“希望录用之后，待遇会逐步提高。”这样才是真实而受到对方信任的讲法，因为人的本性是“往上爬”的。

有些主试者喜欢应征者和他有同一嗜好，比如他喜欢看文艺名著，他可能问你有没有看过某名家所写的新书。但要当心，如果你真的没有看过，你要坦白承认“还没有看过”，但可补充说，“在报纸上常常见到这本书的介绍文章”之类，也是一样叫他听了高兴的。

答复“你为什么离开以前的职业，外谋新职?”时，多数人答以“嫌薪水少，工作时间长”等都是不好的，对方听了会不舒服，因为总有一天你会以同样的理由嫌他的。

主试者十分注意考察你是否因为在工作中没有起色而被终止工作、免职或者辞退，更确切地说，面试人注重的是你与人相处的能力。对此，最好是如实回答，不过方式是不要损害到自己。

你可向面试人提供一个可以让人接受的完美解释。例如，你离职是由于公司不景气，没有发展潜力等等。

如果你被炒了鱿鱼，千万不要说："我不能使上司满意。"而应这这样答："我认为那份工作不能让我充分施展我的才能。"其实，最好的说法如何，应因人而异，我以前听见一个应征者答得较妥，他说："我总觉得能来贵行工作比以前更好。"

被问及"你喜欢怎样的上司?"时，你就应该清楚主试者这样问是看你是否爱顶撞上司，是否与本单位的上司合作得好。

如果该单位的主管大致是属不保守的一类，你可以说："我喜欢那些有进取精神，有胆有识的领导者，这样的上司可以给我发挥才能的机会。"

如果他可能是不开明、不易相处的一类，你可以说："只要我服从领导，而在他的领导下我又可以干好工作的，我都喜欢。"

谈到"你的不足是什么"时，试图回避或不提自己的缺点，不是一个好策略，既要做到有话可说，说得出来，又不必贬低自己。

可谈 1 到 2 项不足之处，谈时要把缺点、不足说得不会对自己造成什么危害，是一些易于弥补的缺点。

当对方要你谈谈个人的情况时，主试者最忌讳你像记"流水帐"一样无边无际，又忌你毫无根据地自夸和捏造事实。针对所求职位的性质特点，你应简洁、有用、重点地谈及你的文化程度、所受教育或培训情况、应聘前的工作经历、工作经验、专长、兴趣。

然后讲"正因为这些，促使我今天到这儿来谋职"，接着再谈一下为什么你适合这个职务。

关于家庭方面的询问，也是应聘中的一个重要的环节。因为家庭对个人的性格、行为、习惯有很大的影响。

一个不健全的家庭可能会使人性情孤僻、行为放纵等。因此，主试者一旦知道你来自有问题的家庭，会对你是爽朗还是孤僻，是任性还是自制，是轻浮还是稳重等性格和行为习惯多加注视和考察，故你的言行举止都要注意，以留下一个好的印象。

还有，许多大机构的主事者都私下表示不愿雇用家境太贫穷或太富有的人，这种见解虽然不一定合理，但事实如此，我们应该在回答时注意，即使不说谎，也不该对于家庭的贫富过分夸张。

52 让上司“接受”你的17种手段

·成功的有效忠告·

对上司个人的工作提建议时，尽可能谨慎一些，必须仔细研究上司的特点，研究他喜欢用什么方式接受下属的意见。

与上司相处，总会让你有点提心吊胆，甚至有点哆嗦，这是因为他的级别比你高，你是他手下的一个兵。不会与上司相处，不让上司感觉良好，你就难以创造良好的工作环境。

有一次，拿破仑自得地对他的秘书说：“布里昂，你也将永垂不朽了。”布里昂迷惑不解，拿破仑进一步说道：“你不是我的秘书吗?”意思是说布里昂可以沾他的光而扬名于世。布里昂是一个很有自尊心的人，他不愿接受这个虚乌有的“恩惠”，但又不便直接加以反驳，于是他反问道：“请问亚历山大的秘书是谁?”拿破仑答不上来，而拿破仑不仅没有怪罪他，反而为他喝采：“问得好!”在这里，布里昂就巧妙地暗示了拿破仑：亚历山大名垂青史，但他的秘书却不为人所知，那么，拿破仑的名气再大，也不会让他的秘书扬名于世了。这巧妙的暗示，使拿破仑明白了自己的失言，又维护了双方的自尊；这样机智的部下，肯定会得到上司的信赖和欣赏。试想，如果布里昂唯唯诺诺地盲从，结果又会如何呢?

由此可以看出，向上司提意见，一定要注意方式和技巧。记住，尽量不要对你的上司直接说“不”。

怎样让上司接受你呢?

(1)精明强干，才会得到上司的器重

上司一般都很赏识聪明、机灵、有头脑、有创造性的下属，这样的人往往能出色地完成任务。有能力做好本职工作是使上司满意的前提，一旦被人认为是无能无识之辈，既愚蠢又懒惰，便很危险了。

(2)向上司请教，才意味着“孺子可教”

在与上司的相处中，谦逊还是相当重要的。谦逊意味着你有自知之明，懂得尊重他人，有向上司请教学习的意向：意味着“孺子可教”。谦逊町让你得到更多人的支持，帮助你更好地成就事业。

(3)在上司面前不要吹牛皮

在上司面前，不要吹牛皮，编瞎话。弄虚作假者，往往失信于人。一亡司若觉得自己被欺骗，将格外恼火，因为你把他当成傻瓜、笨蛋、糊涂虫；当成不可讲真话的人，不信任他。这在极大程度上伤了上司的自尊心。通过欺骗上司而暂时得到的好感和荣誉，是不可能长久地维持下去的。

(4)提建议时，不要急于否定上司原来的想法

提建议时，多注意从正面有理有据地阐述你的见解。有民主要求，还要有民主素质，即要懂得尊重他人的意见，尊重上司的意见。这样，他才会承认你的才干。

对上司个人的工作提建议时，尽可能谨慎一些，必须仔细研究上司的特点，研究他喜欢用什么方式接受下属的意见。大大咧咧的上司可用玩笑建议法，严肃的上司可用书面建议法，自尊心强的上司可用个别建议法，喜赞扬的上司可用寓建议于褒奖之中法等等。

(5)关键时刻，要为上司当好参谋

在关键时刻，上司才会真切地认识与了解下属。人生难得机遇，不要错过表现自己妁极好机会 c 当某项工作陷入困境之时，你若能大显身手，定会让上司格外器重你。当上司本人在思想、感情或生活上出现矛盾时，你若能妙语劝慰，也会令其格外感激。此时，切忌变成一块木头，呆头呆脑，冷漠无能，畏首畏尾，胆怯懦弱。这样，上司便会认为你是一个无知

无识、无情无能的平庸之辈。

（6）在上司面前不要计较个人得失

如果你喋喋不休地向上司提出物质利益要求，超过了他的心理承受能力，在感情上，他会觉得压抑、烦躁。如果“利益”是你“争”来的，上司虽作了付出，但并不愉快，心理上会认为你是个“格调”较低的人，觉得你很愚蠢。如果你的上司是个糊涂虫，与他争利益得失，反倒会把你的功劳一扫而光。“利”没有得到，“名”也会丧失。最好的办法是让上司主动地给，而不是你去“争”。

（7）与上司交谈时，不可锋芒毕露

你的聪明才智需要得到上司的赏识，但在他面前故意显示自己，则不免有做作之嫌。上司会因此而认为你是一个自大狂，恃才傲慢，盛气凌人，而在心理上觉得难以相处，彼此间缺乏一种默契。

（8）体会上司处境：理解上司难处

角色换位法，有助于体会上司的心境。有些人工作干得很好，当了领导却一筹莫展，尤其苦于处理各种关系。因此要主动地帮助上司分忧解难。在其犹豫不决、举棋不定时，主动表示理解和同情，并诚恳地作出自己的努力，减轻上司的负担，会令他极为高兴的。

（9）不要当面顶撞上司

批评上司时，必须照顾其面子，不要令人下不了台。当面顶撞是最愚蠢的。进谏的的方式很多，如动情法、比喻法、寓规劝于褒奖之中等等。

（10）适当顺从并认同你的上司

上司可能并不比下属强多少，但只要是你的上司，你就必须服从他的命令。人虽然都有一种不愿意服从别人的心理，但对于比自己强的人还是能接受的，因此有必要多寻找上司优越于你的地方，做出尊敬他、学习他的姿态。凡是尊重服从上司的部下，即使最初上司对他一点好感也没有，也会逐渐改变印象。只要你认识到尊重上司的必要性，就会从心理上解除服从他的抵触，从而摆脱那种耻于服从的感情。

（11）慎重对待上司的失误

上司在工作中出现失误，千万不要持幸灾乐祸或冷眼旁观的态度，这会令他极为寒心。能担责任就担责任，不能担责任可帮他分析原因，为其开脱。此外，还要帮他总结教训，多加劝慰。

持指责、嘲讽的态度更易把关系搞僵，矛盾激化。那样，你就再不要指望上司喜欢你了。

（12）没有上司的支持难以取得成绩

好的东西，每一个人都喜欢。越是好吃的东西，越是舍不得给别人，这是人之常情。要是你有远大的抱负，就不要斤斤计较成绩的取得究竟你占有多少份，而应大大方方地把功劳让给你身边的人，当然包括你的上司。这样，做了一件事，你感到喜悦，上司脸上也光彩，以后，上司少不了再给你更多的建功立业的机会。否则，如果只会打眼前的算盘，急功近利，则会得罪身边的人，将来一定会吃亏。

（13）要主动找机会与上司交往

上司需要接近了解下属，下属也需要接近了解上司，这是正常的人际交往，不必因担心别人的议论而躲避上司。你若希望上司喜欢你，看得起你，那么就首先要让上司看得见你。

（14）不要在背后议论上司的长短

须知“隔墙有耳”，打小报告的人正在寻找材料好去告密，你的议论为他的拍马屁正好提供了机会。倘若把你的闲话添枝加叶，传到上司的耳朵里，你辛勤工作的成绩，可能会因几句牢骚话而抵消掉。

（15）多赞扬、欣赏上司

赞扬不等于奉承，欣赏不等于谄媚。赞扬与欣赏上司的某个特点，意味着肯定这个特点。只要是优点、是长处，对集体有利，你可毫无顾忌地表示你的赞美之情。上司也是人，也需要从别人的评价中，了解自己的成就及自己在别人心目中的地位，当受到称赞时，他的自尊心会得到满足，并对称赞者产生好感。如果得知下属在背后称赞自己，他的喜悦和感激之情更会溢于言表。一下属喜欢上司，上司也自然喜欢下属，这是人际吸引中相悦作用的结果。

（16）掌握上司的好恶

无论是谁，都会喜欢听一些话，而讨厌听另一些话，喜欢听的就容易听进去，心理上就会觉得舒服。你的上司也不可能摆脱这种情绪。部下要掌握上司的特点，倘若在汇报中插入一些上司平素不善于使用的词，就会让他另眼相看。

（17）不可张扬你对上司的善事

对上司让功一事绝不可到处宣传，如果你不能做到这一点，倒不如不让功的好。对于让功的事，让功者本人是不适合宣传的，自我宣传总有些邀功请赏、不尊重上司的味道，千万不要宣传你让功的事，只能由被让者来宣传。虽然这样做有点埋没了你的才华，但你的同事和上司总有机会设法还给你这笔人情债，给你一份奖励。因此，做善事就要做到底，不要让人觉得你成功是虚伪的。

十二
成为一个出色的口才专家

口才的力量是无穷的。成功者应当成为一个出色的口才专家，去展现自己口才的魅力。离开口才的力量，你一定会发现缺少一种独特的成功资本——口才资本。

53 做个“口才秀”

·成功的有效忠告·

一个人说话的内容无论是何等的精彩，但如果时机掌握不好，也无法达到说话的目的。

“口才秀”的最大特点是能够完美地表达自己。不能完善地表达自己，是一种不善于喜欢自己的好习惯。成大事者总是努力地争取完善地表达自己，并以之为终身习惯！

我们每个人都有自己表达的方式、手段、媒介，甚至内容倾向。

把自己心中那个埋藏已久的理想，努力用一种准确的语言，在适当的场合和时机向别人表达，那会使别人首先对你感到惊讶和敬佩。

例如，当你初次和经理见面时，你应该这样说：“经理，我想拥有这份工作已是很久的事了。如今，我终于如愿以偿了，谢谢你对我的赏识和信任。我想，我能够完成你下达给我的所有工作任务。希望你能为此而时刻提醒我。”

如果你这样一说，首先便给了经理一颗“定心丸”，并且对你的看法有所提高。

把自己的想法告诉给别人，就像在自己理想面前挂了一面镜子，它时刻会让你的双眼注意到它。

当然，你要告诉给别人的梦想，必须是你的能力能够实现的范围之中的理想。与其将不切实际的空想告诉给别人，还不如把自己今天去菜市买菜花了多少钱告诉给别人的好。

把空想告诉给别人，你在别人眼中的信任感就缩小到了生存的最后机会。

“这是多么危险的游戏!”美国20世纪早期的心理分析专家詹姆斯·泰勒曾说，“那种明知是输而要去赌的蛮汉，基本上是基于这些心理：第一，他可能认为这样做无所谓；第二，这样做之后，他个人会以为不是鲁莽，而是勇气上乘的表现；第三，他已经对此麻木不仁，或者说，他的精神世界已经不正常了。”

如果你不想成为疯子，那么，你最好别去输掉这一局。

谨慎而有力的语言，使你更有风度、信心和被别人信任；狂妄、不顾后果的语言会使你一无所有。

要在听众面前自然、流畅地表达自己的意思的确不容易，必须经过多次练习，才能达到。不过，一旦你在人群面前都能以正常的、平日的方式来表达自己的意见，你会突然感觉到的这种自由，正像是一只小鸟脱离拘禁的笼子展翅高飞。你看到人们对你友善，喜欢听你的谈话，甚至乐于接受你为他所提的建议。

说话表达中，只有交谈双方对问题的概念明确，其思想才有被对方领会、接受的可能，否则，会造成误解。

请记住，要明确地而不含糊地把话说出来，才能准确地快捷地把信息传进对方的大脑里。

明确，首先要中心突出，才有针对性。

如你要向人介绍一支钢笔，目的是要推销商品，就要把中心放在说明钢笔的质量和性能上；如果你丢失了钢笔，你要去招领处询问，就要着重说明它的特点。总之，你不能不分讲话的目的而把钢笔各方面都说到。

其次要做到条理分明，先说什么，后说什么，要有一个合理的顺序。为了做到这一点，你千万不要引用太多和讲太多的细节。

要注意的一点是，在一番较长的讲话完了之后，为给人留下一个清晰的、明确的印象，就要加上明确的结束语，以使人有二个完整的感觉。

特别是一些不断改变话题的谈话，层次不易分明，中心也不突出，更应如此。所以，讲话结尾时简明扼要地把全部内容做一次总结，是十分必要的。

当然，你还要把握好语调和情感。

说话的语气像脸上的表情一样，传达着言外之意，增强语言的感染力。

林肯在写给一位渴望成为律师的年轻人的信上说："成功的秘诀就是书本，拿起书本，仔细阅读及研究。工作，工作，工作，才是最重要的。"

成大事的作家十分重视正确地用语言表达的重要性。我们同时希望：这样做，能够鼓励我们每个人对语言及文字的运用更有兴趣。当然，一个善于表达的人不应该中途停顿下来，支支吾吾地，希望找出他渴望表达的意义的正确语言；不过，他应每天练习做最正确的表达，一直到这些语言能够很自然地出现为止。

在改善语言的同时，我们还要注意扔掉一些毫无意义的语言。

人说话时最常犯的错误是语言杂音。有些人谈话风度很好，只是在他的语言之中，有许多无意义的杂音。

例如鼻子总是一哼一哼地；或是喉咙里好像老不畅，轻轻嗽着；或是在每句开头用一个拖长的"唉"声，好像每一句都要犹豫一阵才能讲出；或者说完一句，总加一个"嗯"，好像每句都怕人没有听清。

诸如此类，都是要加以消除的。这些杂音使你本来很好的语言，好似被蒙上了一层灰尘似的，大大减少了原有的光彩。

你不可能每次说的都是非常重要的消息，也不可能每次都讲最动人的故事或是最可笑的笑话；你所看的书，不可能每一本都是最精彩的；你所认识的朋友，不可能个个都是最可爱的。

夸张词有种引人注意的结果，不过用得太多，会使人不相信你，所以，你千万不要到处都用"最"、"极"、"非常"、"无限"等词，如果你老是这样，别人听了也会无动于衷，因为他们会认为你是个喜欢夸大的人。

要改掉小毛病，你还得抓住时机。

一个人说话的内容无论是何等的精彩，但如果时机掌握不好，也无法达到说话的目的。听者的心，往往会随时间的变化而变化。你要对方接受你的观点，你要抓住机会，克服毛病，用最完美的话来陈述。

54 乘机说话

·成功的有效忠告·

有很多人想找人谈话，但主要是为了满足自己。一个善于谈话的人，总是能掌握时机，生动有趣地表达自己的观点，不引起别人的反感。如果不能掌握时机，就不能恰到好处地让别人理解你的话，这叫失败。

有很多人不善于巧妙地把握说话的机会，这种习惯会破坏说话的氛围。成大事者的说话技巧高就高在能把握住说话的机会！

有很多人想找人谈话，但主要是为了满足自己。一个善于谈话的人，总是能掌握时机，生动有趣地表达自己的观点，不引起别人的反感。如果不能掌握时机，就不能恰到好处地让别人理解你的话。这叫失败。

你一定听过夫妇之间这样的抱怨：

妻子说："他回到家来，自个儿喝茶，坐下来埋头看报。要是我问他个什么，他就含糊地答一句。要是我想和他聊聊，他的心早就离得远远的，也许还挂着办公室的事。我整天陪着孩子，真渴望能有点精神调剂，可是他却不理睬我。"

而丈夫也一肚子怨气："我还没来得及挂上门，她就忙不迭地向我唠叨起来：什么菜的价钱又贵了，孩子把杯子摔了，隔壁的老太太又说了她几句了。烦死了……"

为尊重对方，考虑对方什么时候谈话才有较大兴趣，这是必须的。

人们白天忙了整天，下班可以说是带着一天的劳累回到家中的。如果这时在家中的人不体贴这种困苦，一开口又是诉苦，又是告状，再有耐性的人也难免会顶撞。

相反，先把这些“苦”搁在一边，温和地说：“公共汽车太挤了吧，太辛苦了，先休息一下吧。”等安静下来，才把家里的事情说出来，这样，才会得到对方的同情和支持。

你不妨牢牢记住母亲在你儿时讲的一句话：“有什么事，等你父亲吃饭以后，再去请求他……”这真是金玉良言。那是因为饭后的心情稳定。

尽管场合、时机都与人的心境有关，但是，把人的心境单独提出来，作为一个独立因素仍然是必要的。俗话说：“出门看天色，进门看脸色。”看了脸色，才决定说什么话。这种所谓“脸色”，不过是心境在脸部的一种表情而已。在人心境好时，“无所不乐”；心境不时，“无所不愁”。当你与人说话时，必须把这作为一个前提来考虑。

说话除了要有适当的场合，还要适时。

一个人说话的内容不论如何精彩，但如果时机掌握不好，而无法达到说话的目的。因为听者的内心，往往随着时间变化而变化。要对方愿意听你的话，或者接受你的观点，都应当选择适当的时机。

这有如一个参赛的棒球运动员，虽有良好的技艺、强健的体魄，但是他没有把握住击球的“决定性的瞬间”，或早或迟，棒就落空了。

所以，时机对你非常宝贵。但何时才是这“决定性的瞬间”，怎样才能判明并咬住，并没有一定的规则，主要是看对话时的具体情况，凭你的经验和感觉而定。

交际场合往往会出现这种情况：有的人口若悬河，滔滔不绝，十分健谈；而有的人即使坐了半天，也无从插话，找不到话题。这里有一个“切入”话题时机的问题。

讲话要及时“切入”话题，首先必须找到双方共同关心的基本点。

切人话题要注意双方所关心的共同点，还要考虑在什么时候最好。

在讨论会上，要是先发言，虽可以给听众心中造成先人为主的印象，但因过早，气氛还较沉闷，人们尚未适应而不愿随之开口；若是后讲，虽可进行归纳整理，井井有条，或针对别人的漏洞，发表更为完善的意见，但因太晚，人们都已感到疲倦，想尽快结束而不愿再拖延时间，也就不想再谈了。

据此，人们经过研究指出：最好是在二三个人谈完之后及时切入话题，这样效果最佳。这时的气氛已经活跃起来，不先时机地提出你的想法，往往容易引起关注。

在反映情况和说服人的时候，要特别注意把时机选在对方心情比较平和的时候。因为一些人由于劳累、遇到不顺心或正在把注意力集中在其他事情上时，是没有心情来听你说话的。

请注意下面几点谈话技巧：

（1）勿用质问的语气说话

谈话时习惯质问对方的人，多半胸襟狭窄，好吹毛求疵，与人为难，或性情乖僻，或自大好胜，所以在谈话小节上，他把他的品格表现出来了。

其实除了在某些场合如法庭上的辩论等之外，质问是大可不必的。如果你觉得对方意见不对，不妨把你的看法表达出来，而不必用质问来使对方难堪。

也有些人爱用质问的语气来纠正别人的错误。

“我想昨天是今年以来最热的一天了。”

“你怎么知道。”

对方虽然说错了，但你何必要先给他一个难堪的质问呢？你明知道昨天温度36℃，而前天却达37℃，那么你说出来好了。先质问，后解释，这犹如先给对方一次精神打击，然后再解释一样。这不需要的一拳，足以破坏双方的感情。

虚心、诚实、坦白、尊敬别人，是谈话艺术的必备条件。把对方为难一下子，借以逞一时之快，于人已皆无好处。你不愿别人损害你的尊严，你也不可损害别人的尊严’如果你想使对方心悦诚服，越是在意见分歧的时候，越不可用质问的方法，当对方被你的质问所窘迫时，在表面上他是失败了，但他必定会抱恨在心。

（2）巧妙的插话技巧

一个倾听能手在倾听过程中如何插话，如何才有助于达到最佳的倾听效果呢？

根据不同对象可采取不同的方法。一般的方法有以下几个：

当对方在同你谈某事，因担心你可能对此不感兴趣，显露出犹豫、为难的神情时，你可以伺机说一二句安慰的话。

"你能谈谈那件事吗？我十分了解。"

"请你继续说。"

"我对此也是十分有兴趣的。"

此时你说的话是为了表明一个意思：我很愿意听你的叙说，不论你说得怎样，说的是什么。以消除对方的犹豫，坚定他倾诉的信心。

当对方由于心烦、愤怒等原因，在叙述中不能控制自己的感情时，你可用一二句话来疏导。

"你一定感到很气愤。"

"你似乎有些心烦。"

"你心里很难受吗？"

说这些话后，对方可能会发泄一番，或哭或骂都不足为奇。因为，这些话的目的就是把对方心中郁结的一股异常情感"诱导"出来，当对方发泄一番后，会感到轻松、解脱，从而能够从容地完成对问题的叙述。

值得注意的是，说这些话时不要陷入盲目安慰者的误区。他不应对他人的话作出判断、评价、说一些诸如"你是对的"、"他不应该这样"一类的话。你的责任不过是顺应对方的情绪，为他架设一条"输导管"，而不应该"火上浇油"，强化他的抑郁情绪。

当对方在叙述时急切地想让你理解他的谈话内容时，你可以用一二句话来"综述"对方话中的含意。

"你是说……"

"你的意见是……"

"你想说的是这个意思吧……"

这样的综述既能及时地验证你对对方谈话内容的理解程度。加深对其的印象，又能让对方感到你的诚意，并能帮助你随时纠正理解中的偏差。

以上三种倾听中的谈话方法都有一个共同的特点，即不对对方的谈话内容发表判断、评论，不对对方的情感做出是与否的表示，给终处于一种中性的态度上。不，有时在非语言传递信息中你可以流露出你的立场，但在语言中切不可流露，这是一条重要界限。如果你试图超越这个界限，就有陷入倾听误区的危险，从而使一场谈话失去了方向和意义。

（3）问话需要巧妙

据传在某国的教堂内，有一天，一位教士在做礼拜时，忽然熬不住烟瘾，便问他的上司："我祈祷时可以抽烟吗？"结果，遭到了上司的呵责。其后又有位教士，也发了烟瘾，却换了一种口气问道："我吸烟时可以祈祷吗？"上司竟莞尔一笑，答应了他的请求。

可见，问话需要口才。利害场合，问话问得巧，可以占有优势。

在会议上我们经常听到主持者这样发问："不知各位对此有何高见？"虽然从表面上看，这种问话很好听，但效果不好。因为，谁敢肯定自己的见解就高人一着呢？就算是高见，谁又好意思先开口呢？其实，不妨问："各位有什么想法呢？"

提问要因人设问。人有男女老幼之分，有千差万别的个性，因此不可"千人一问"。一对挚友，可以互相询问："你工资多少？""谈恋爱了吗？"然而，小伙子决不可向初见面的女友提出类似的问题。

提问不唐突，也是不可忽视的。假如在大庭广众之下问对方："你有什么理由可说？""你迟到一小时，上哪儿混去了？"如此唐突的问法，令人难以下台，人家一定会不高兴的。

怎样才能问得巧，首先要选择恰当的提问形式。提问形式有多种：

①限制型提问

这是一种目的性很强的提问技巧，它能帮助提问者获得较为理想的回答，减少被提问者说出拒绝的或提问者不愿接受的回答。

据说，香港一般茶室因为有些客人在喝可可时放个鸡蛋，所以，侍者在客人要可可时必问一句："要不要放鸡蛋？"心理学家建议，侍者不要问"要不要放鸡蛋"，而要问："放一个还是两个鸡蛋？"这样提问就缩小了对方的选择范围。这种问话，显然可以多做鸡蛋的生意。

②选择型提问

这种提问方式多用于朋友之间，同时也表明提问者并不在乎对方抉择。如，你的朋友来你家作客，你留他吃饭，但不知他的口味，于是问他："今天咱们吃什么？鲫鱼还是带鱼？"

③婉转型提问

这种提问的意图是为了避免对方拒绝而出现尴尬局面。例如，一个小伙子爱上了一个姑娘，但他并不知道姑娘是否爱他，此话又不能直说，于是他试探地问："我可以陪你走走吗？"如女方不愿交往，她的拒绝也不会使双方难堪。

④协商型提问

如果你要别人按照你的意图去做事，应该用商量的口吻向对方提出。如你要秘书起草一份文件，把意图讲清之后，应该问一问："你看这样写是否妥当？"

提问要讲究方式，以提高提问水平。

话题的选择是一大关键。一位心理学家曾说过，要使对方乐于答话，莫如挑他的擅长来说。

比如，一个人羽毛球打得好，就可先问："听说你对羽毛球很拿手，是吗？"提问正像打羽毛球的发球，你以对方的特长发问，就像特意发了个使对方容易接的球，对方当然乐于接球。

各种发问方式都有其优点和局限性。在交际过程中，要从交际需要出发灵活恰当地选择发问方式，求得最佳效果。

俗话说："到什么山唱什么歌，见什么人说什么话。"提问要考虑对方的年龄、身份、文化素养、性格特征等。被问的人，有的热情爽快，有的性格内向，有的大大咧咧，有的审慎多疑，性格不同，气质迥异。如果不顾这些特点，仅用一个腔调，一种方式提问，就会碰壁。

要根据事情的性质，决定发问方式。比如，召开座谈会了解先进人物事迹时，采用探寻式提问会收到好的效果；若是清查一次事故的原因时，就不宜召集很多人在一起直接提问，最好是采取个别话的方式，因为集体问话会受"从众心理"妨碍，难以了解真实情况。

55 练出不同的嗓子

·成功的有效忠告·

因人而宜的谈话方式不仅表现了你的素质修养，更能让对方在与你的谈话中得到尊重与信任。

在交际法则中，提倡因人而言，即遇到不同的人说不同的话，以便适合对方的心理，从而赢得对方的好感。只有赢得对方的好感，才有可能获得你想获得的东西。这也是成大事的一种技巧。

与人说话，先要明白对方的个性，他喜欢婉转，应该说流利的话；他喜欢率直，应该说激切的话；他崇尚学问，就说高深的话；他喜谈琐事，就说浅近的话，说话方式能与对方个性相符，自然能一拍即合。

（1）与地位高于你的人谈话要保持自己的个性

你在与较你地位优越的人谈话时，须维持你自己的独立思考，不应该做一个“应声虫”。若你只说“是”，那么你的话就可能会使别人不悦。

与地位高者谈话必须注意以下几点：

①态度要表现出尊敬；

②对方讲话时要全神贯注地听；

③不要随意插话，除非他希望你讲话；

④回答问题要简练适当，尽量不讲题外话；

⑤说话自然，不要显得紧张。

当你在尊敬你的上司时，你也要显出你自己也是尊重自己的。

（2）与老年人谈话要谦虚

我们常听到长辈教育后辈时说：“我走过的桥比你走过的路还多。”这是很有道理的，老年人虽然接受的知识比你少，可是无论怎样，他的经验比你丰富得多。因此在你与他谈话时，必须保持谦虚的态度。

人们不喜欢别人说自己年高，他们喜欢显得比他自己的真实年龄更年轻，或努力获得一个青年人的活力和健康的神气，这并非说他们企图隐瞒他们的年纪。事实上他们或许是因为他们能生活得很健康而感觉骄傲。

所以在你与一位老年人谈话时，你先不必直接提起他的年纪，你只提起他所干的事情，这样你的话语就能温暖他的心，而使他觉得你是一个非常令人喜欢的人。

老年人较之常人更易情绪激动，在他们的一生中，他们曾成就过许多值得骄傲的事情，而他们就喜欢谈论这些作为。他们常喜欢人家来求教于他和听他的劝告，喜欢人家尊敬他。因此，你不能使用与年轻朋友谈话时所用的那些习惯语。

其实，与老年人谈话，是很容易的，因为他们很喜欢谈话。他们说话常滔滔不绝，你要打断他，就会显出粗鲁无礼的样子。因此，有时与他们谈话很费时间，可是，只要你用心听，他们的话是极有裨益的。

（3）与女性谈话要以对方为中心

女人们在思考时，较之男人们更为个性化。男人开始谈起一件事物，能一直谈到完结而不出题外。女人们谈论事物，会不知不觉谈到某人的长短上去；男人们能一般地谈论人们，而女人们则只谈论几个特别的人物。男人能谈到其他的人，可是当女人在讨论他人时，常把自己也谈进去。

因此，当你与女性谈话时，话题要以对方为中心，采取一种可使对方感情增加的谈话的口气、态度和方式，那么，你与她之间的对谈，就能很顺利而愉悦地进行下去。女人们喜欢谈她自己、她的家庭以及她的癖好，更喜欢发表她的意见，又喜欢告诉人家她是一个多么好的人。所以她需要一个好的听话者。假使你想用谈话来吸引女人的话，那么你就不要有轻视她的态度。待她们至少要像对待一个与你有同等智力的人一样。不要以为她们知道的比你少，或她们的意见毫无价值。这样，就能迎合她们自重的天性，而使她们觉得与你谈话十分快乐。

和女人谈话时，你得先开个头，然后她就会接下去。询问天气；询问她的一个亲戚的健康；询问书籍、金鱼、花草或其他种种事物。总之，是她们所感兴趣的。

使你们之间的谈话能继续不辍，是你对你的能力的一种确信。你有你的思想和观念，不要沉默寡言，但也不要过分深入，不要使内容越拉越远使人讨厌，应时常记住你的谈话是在取悦对方。

（4）与年幼者谈话要保持深沉的态度

比你年幼的人，有些思想太超前，有些则知识不及你。在前一种情形下，你和他们谈话是毫不觉得困难的。你只需保持深沉的慎重的态度就行，不要降低你自己的身份。假如你不这样的话，那么，你再要把他拉回来，就很困难了。还要注意不要给他们机会直呼你名，那是很不好的。

不要同他们辩论，也不要坚持你的权利。你只要让他们都知道，你是希望他们对你有适当的尊敬的。你要知道，人们总是因你自己看重自己才尊重你，尤其是那些年幼于你的人们。

同那些在前辈面前害羞的年幼者交谈，你会觉得相当愉快。

你可谈一些他也很感兴趣的事物，让他相信你是从他的立场来观察事物的，让他能明了你也有与他一样年轻的观念，这样你们的谈话就能很顺利地进行下去。你也许已经观察出，青年人是较之老年人更偏执的。

那些崇拜英雄的青年们，常会询问你对于某些事物的看法，而对这些事物的意见你或许并不比别人高明，那么你就得仔细应付了。不要破灭他们的理想，不要太直率，不要使自己的话出乎自己的知识范围。一句话，他们是能拆穿你的西洋镜的。宁可讲他们感兴趣的事，不要讲你自己感兴趣的事，把他们牵引过来，不要让他们把你牵引过去。

（5）与地位低于你的人谈话要庄重

和一个地位卑于己者谈话，是较易于与一个地位优于己者谈话的。然而要谈得好，那就不见得容易了。因为你有机会和他谈话时，你会谈得太多或太漫不经心，因为你觉得和他谈话太简单，不用多费脑筋，所以你的话会使他产生很随随便便的印象。

可是，谁是你的下属呢？他们只是处于你属下的地位罢了，他们并不见得能力低弱。

所以，在与一个地位卑于己者谈话时，你应使他觉得你正对他所说的话感兴趣，而且你必须请他说话，必须显得很和蔼可亲。

与地位卑于你者谈话时应注意要庄重、有礼、和蔼，避免一种统治者的态度；赞美他一切完美的工作；讲话不得太多；不要太显亲密；不要以你自己优越的地位来阻止他。

因人而宜的谈话方式不仅表现了你的素质修养，更能让对方在与你的谈话中得到尊重与信任。青年人不可不知，不可不学。

十三
分享生活的"蛋糕"

享受生活需要你良好的心态，但享受不是贪逸，而是新的进取的开始。请你在疲惫时，调整心态，去分享生活的资本，为下一次成功重新运筹帷幄。

56 学会快乐

·成功的有效忠告·

有了快乐的思想和行为，你就能感到快乐。

如何让自己注入快乐的激素呢？这是个大问题，因为养成快乐习惯，可以减轻你工作的压力，更利于创造出好的成果。成大事者相信：少一份烦恼，就多一份快乐。正如拿破仑·希尔有所说："忘却烦恼，学会让自己快乐"。

那么，怎样才能让自己快乐呢？

生活得快乐与否，完全决定于个人对人、事、物的看法如何；因为生活是由思想造成的。

几年以前，有一个广播节目要人们找出"你所学到的最重要的一课是什么？"其实，这很简单，最重要的一课是：思想的重要性。只要知道你在想些什么，就知道你是怎样的一个人，因为每个人的特性都是由思想造成的。我们的命运完全决定于我们的心理状态。爱默生说："一个人就是他整天所想的那些"，……他怎么可能是别种样子呢？

可是很确切地说，你所必须面对的最大问题——事实上几乎可以算是我们需要应付的惟一问题，就是如何选择正确的思想。如果我们能做到这一点，就可以解决所有的问题。曾经统治罗马帝国的伟大哲学家马尔卡斯·阿理流士，把这些概括成一句话——决定你命运的一句话："生活是由思想造成的。"

不错，如果我们想的都是快乐的念头，我们就能快乐；如果我们想的都是悲伤的事情，我们就会悲伤；如果我们想到一些可怕的情况，我们就会害怕；如果我们想的是不好的念头，我们恐怕就不会安心了；如果我们想的尽是失败，我们就会失败；如果我们沉浸在自怜里，大家都会有意躲开我们。诺曼·文生·皮尔说：“你并不是你想像中的那样，而你却是你所想的。”

这么说是不是暗示：对于所有的困难，我们都应该用习惯性的乐观态度去看呢？不是的。不幸得很，生命不会这么单纯，不过还是应该鼓励大家要趋向正面的态度，而不要采取反面的态度。换句话说，我们必须关切我们的问题，但是不能忧虑。关切和忧虑之间的分别是什么呢？还是再说明白一点。比如每一次一个人要通过交通拥挤的大街时，他就会很注意他正在做的这件事——可是并不会忧虑。关心的意思就是要了解问题在哪里，然后很镇定地采取各种步骤去加以解决，而忧虑却是发疯似地在打着小圈子。

一个人可以关心一些很严重的问题，同时在衣襟上插着花昂首阔步。有一次卡耐基协助罗维尔·汤马斯主演一部著名影片，汤马斯那个穿插在电影中的演讲在伦敦和全世界都大为轰动。伦敦的歌剧也因此延后了六个礼拜，让他在卡文花园皇家歌剧院继续讲这些冒险故事，并放映他的影片。他在伦敦得到巨大成大事之后，又很成大事地旅游了好几个国家。然而一连串令人难以相信的倒霉事件接踵而至，不可能的事情发生了——他发现自己破产了。当时，卡耐基正好和他在一起，他们不得不到街口的小饭店去吃很便宜的食物。要不是一位苏格兰人，也是一位知名的画家——詹姆士·麦克贝借给汤马斯钱的话，他们甚至连那点菲薄的食物也吃不到。下面就是这个故事的要点：当罗维尔·汤马斯面临庞大的债务以及极度失望的时候，他很关心，可是并不忧虑。他知道，如果他被霉运弄得垂头丧气的话，他在人们眼里就会不值一文，尤其是在他的债权人眼里。所以他每天早上出去办事之前，都要买一朵花，插在衣襟上，然后昂首走上牛津街。对他来说，挫折是整个事情的一部分——是你要爬到高峰所必须经过的有益训练。

让自己快乐的另一法宝是施恩勿忘回报。

演讲大师卡耐基曾经讲过这样一段体会：他的父母很乐于帮助别人，但他们家里很穷，老是债台高筑。虽然穷，他的父母仍每年总是尽量想办法送点钱到孤儿院去。那是设在爱荷华州的一座基督教孤儿院。他父亲和母亲从来没有到那里去看过，或许也没有人为他们所捐的钱谢过他们——除了写信——可是他们所得到的报酬却非常丰富，因为他们得到帮助孤儿的乐趣，而并不希望或等着别人来感激。

卡耐基离家之后，每年的圣诞节总会寄一张支票给父母，让他们买一点比较奢侈的东西。可是他们很少这样做。当他每个圣诞节前几天回到家里的时候，父亲就会告诉他又买了一些煤和杂货送给镇上一些“可怜的女人”——那些有一大堆孩子却没有钱去买食物和柴火的人。他们送这些礼物时也得到很多的快乐——就是只有付出，而不希望得到任何回报的快乐。

卡耐基相信他父母有资格做亚里士多德理想中的人——也就是最值得快乐的人。“理想的人，”亚里士多德说，“以施惠于人为乐，但却会因别人施惠于他而感到羞愧。因为能表现仁慈就是高人一等，而接受别人的恩惠却代表低人一等。”

卡耐基说：如果我们想得到快乐，我们就不要去想感恩或忘恩，而只享受施予的快乐。

现在，让我们为我们的快乐来制定一个建设性的计划，为我们的快乐而奋斗吧。它的名字叫“只为今天”。这种计划非常有效，可以复印几千份送给别人。这是已故的西贝儿·派屈吉所写的。如果我们能够照着做，就能消除大部分的忧虑，而大量地增加“生活上的快乐”。

（1）只为今天，我要很快乐。假如林肯所说的“大部分的人只要下定决心都能很快乐”这句话是对的，那么快乐来自内心，而不是存在于外在。

（2）只为今天，我要让自己适应一切，去试着调整一切来适应我的欲望。我要以这种态度接受我的家庭、我的事业和我的运气。

（3）只为今天，我要爱护我的身体。我要多参加运动，善自照顾，善自珍惜；不损伤它、不忽视它；使它能成为我争取成大事的好基础。

（4）只为今天，我要加强我的思想。我要学一些有用的东西，我不要做一个胡思乱想的人。我要看些需要思考、更需要集中精神才能看的书。

（5）只为今天，我要用三件事来锻炼我的灵魂：要为别人做一件好事，但不要让人家知道；我还要做两件我并不想做的事，而这就像威廉·

詹姆斯所建议的，只是为了锻炼。

（6）只为今天，我要做个讨人欢喜的人，外表要尽量修饰，衣着要尽量得体，说话低声，行动优雅，丝毫不在乎别人的毁誉。对任何事都不挑毛病，也不干涉或教训别人。

（7）只为今天，我要试着只考虑怎么度过今天，而不把我一生的问题都在一次解决。我虽能连续12个钟点做一件事，但若要我一辈子都这样做下去话，就会吓坏了我。

（8）只为今天，我要订下一个计划。我要写下每个钟点该做些什么。也许我不会完全照着做，但还是要订下这个计划；这样至少可以免除两种缺点——过分仓促和犹豫不决。

（9）只为今天，要为自己留下安静的半个钟点，轻松一番。在这半个钟点里，我要想到神，使我的生命中更充满希望。

（10）只为今天，我要心中毫无惧怕。尤其是，我不要怕快乐，我要去欣赏美的一切，去爱，去相信我爱的那些人会爱我。

如果我们想培养平安和快乐的心境，下面是规则的第一条：

“有了快乐的思想和行为，你就能感到快乐。”

在快乐中，你的生活便会丰富多彩；在快乐中，你的生活便会美丽动人。

57 添加幽默

·成功的有效忠告·

在日常生活中适当添加一点幽默，就会为我们的生活增添一分美丽的色彩。

生活难免会出现枯噪，你应当有往枯躁生活里滴上几滴幽默的习惯，这样可以享受另一种心境。

人们常说，幽默是思想、学识、智慧和灵感在语言运用中的结晶，是一瞬间闪现的光彩夺目的火花。幽默是自觉运用表面的滑稽逗笑形式，以严肃的态度对待生活中的事物和整个世界。幽默是具有智慧、教养和道德上优越感的表现。幽默感是人的高尚气质，和文明睿智的体现。

（1）促进交流的幽默

有这样一则小故事：新婚燕尔，新娘对新郎说："今后咱们不要说我的了，要说我们的。"新郎去洗澡良久不出，新娘问："你在干什么哪，亲爱的。"新郎回答："亲爱的，我们在刮我们的胡子哪！"

那风趣而调皮的丈夫把幽默引进夫妻之间的谈话，无疑增添了快乐的气氛。幽默感是一个人以言语或行为表现出的生动有趣的内涵很深的心理活动，在夫妻相处之中，它能在郁闷时冲淡双方心头的不快，在欢乐时发展彼此愉悦的趣味。可以想像，整日正正经经绷着脸孔度日是何等的枯燥无味，一种高雅的幽默感倒会给平淡的家庭生活罩上一层奇丽的色彩，使夫妻之间的感情得到巩固和升华。

（2）处理尴尬的幽默

善于应付世事的人，常常在于自己不利的场合，运用出色的幽默，把原来不利于自己的情况变通一下，大事化小，小事化了，轻轻松松地度过难关。一次，大哲学家苏格拉底与客人谈话时，他脾气暴躁的太太忽然跑进来，大骂了苏格拉底一阵之后，还觉不解气，又提起一桶凉水往苏格拉底头上一淋，把他淋得像个落汤鸡。苏格拉底笑了笑，对客人说："我就知道，闪雷之后，必有大雨。"本来很难堪的场面，被苏格拉底的幽默一笑了之。

在社交中，当你陷入尴尬的境地时，借助幽默往往能使你从容地摆脱困境。一次盛宴招待会上，服务员倒酒时，不小心将啤酒洒到一位宾客那光光的秃头上。服务员吓得脸都变了色，全场人手足无措，目瞪口呆。没想到这位客人却诙谐地说："老弟，你以为这种酒能治疗脱发吗?"在场的人闻声大笑，尴尬局面一下子被打破了。这位宾客借助幽默既展示了自己的大度胸怀，又巧妙地为服务员摆脱了窘境。

（3）轻松劝解的幽默

我们在社交场合里已经看穿他人的想法时，也不妨神色自若地发挥一下幽默的力量。有位年轻人不务实事、无所作为却很仰慕大发明家爱迪生的名气。有一次，他问爱迪生：“先生，你为什么有那么多的发明而名扬天下呢?”

爱迪生猜出了他的心思，故意反问：“看来，你是天天都在想着出名吧?”

年轻人一听，以为爱迪生要传授秘诀给他，十分高兴地说：“我连做梦都在想啊，我什么时候能像你一样名扬天下呢?”

“你死后就会很快出名。”爱迪生说。

年轻人惊异地问：“为什么要等到死后呢?”

“因为你只希望怎样才能占有一座高楼，而不是去动手建造这座高楼。那么，你终日想像的高楼是永远不会自动出现的。可是如果在空想中度过一生，你死后不就会因为那些空想而名扬天下了吗?!”爱迪生这段揉讽刺与警诫于一体的幽默，使年轻人的心里受到了很大的震动。

一位熟人到门捷列夫家串门，他喋喋不休地讲个不停，最后还自以为是，并问：“我使你感到厌烦了吗?”

“不，没有……”门捷列夫毫不介意地回答说，“你说到哪里去了，请讲吧，继续讲吧，继续讲吧，你并不妨碍我，我在想自己的事情……”

（4）平淡自然的幽默

为什么卓别林等许多喜剧人物只要一张口、一举手、一投足，立即便能把人们的心弦拨动，使千万人为之捧腹、为之喷饭倾倒？这其中的奥妙就在于：他们的一言一行、一举一动都充满了启人心智、令人愉悦的幽默。

巴尔扎克一生写了无数作品，却常常手头拮据，穷困潦倒。有一天夜晚，他正在睡觉，有个小偷爬进他的房间，在他的书桌里乱摸。巴尔扎克被惊醒了，但他并没有大喊大叫，而是悄悄地爬起来，点亮了灯，平静地微笑着说：“亲爱的，别翻了。我在大白天都不能在书桌里找到钱，现在天黑了，你就不用枉费精力了！”

人生在世，不如意事情十有八九。而巴尔扎克最为可贵的是，对不如意事情不但能泰然处之，而且能化腐朽为神奇，化烦恼为乐趣，这更是一种新的超越，他获得的情趣非常人可比。

（5）冷静深沉的幽默

美国总统里根一向以幽默风趣著称。1981 年 3 月，里根遇刺后被送往医院，夫人南希前往医院探视，当她俯下身去吻他时，里根把卡在脸上的氧气罩掀了起来，带着嘶哑的腔调说：“宝贝，我忘了猫腰了！”里根这时还有心讲笑话，使南希稍感宽慰。里根的这句话借用了一个典故。美国著名拳击手杰克·登普西是爱尔兰人，他擅长幽默。有一次比赛时，他被击败了。他把自己败北的事告诉妻子，用的就是这种口吻：“宝贝儿，刚才他打我的时候，本该猫腰躲一躲的。可是，偏偏让我给忘了。”里根借用这个典故，对南希说了这句话。这个幽默把紧张不安的助手和医生都逗乐了。

欧美国家的人对那些不喜欢幽默的人总是困惑不解，认为不会幽默的人内心是凝固的，他们不会受人们的欢迎。美国前总统吉米·卡特最初在人心目中的形象是不善言谈的内向型性格人物。其实，这是“不识庐山真面目”。实际上他也是非常机智诙谐的，有些人说他是“冷面幽默”。记者唐纳逊总爱给他出难题，卡特耿耿于怀，于是打算略施手段“报复”一下。一次他提前一点走出白宫，快步向记者们走去，然后低声说了些什么。唐纳逊本来在另一边悠闲地等着卡特按时出来的，没有想到卡特来了这么一手，他急忙飞快地跑了过去，这时卡特已讲完话往回走了。唐纳逊气喘吁吁地问别人，卡特到底讲了些什么，别人告诉他，卡特说他想看看有什么方法可以使唐纳逊离开。

由此看来，在日常生活中适当添加一点幽默，就会为我们的生活增添一分美丽的色彩。因此，如果你具有那种难能可贵的幽默感，这是莫大的幸运，你一定要注意全力培养它，不管你到哪儿，必将因此大受欢迎。

58 开一张生活的良方

·成功的有效忠告·

请记住，自己引导自己，不要让别人来主宰你。一个改变自己以求适应大众的人，最终会变得一无所有。

给自己开一张生活的处方，是让自己获得另外一种心态。不能调节自我的生活，是成大事者一大忌。

怎样让你的生活变得更加美好呢？你最佳的做法便是给自己开一张生活目标的处方，然后为之去努力，你不妨这样去做：

（1）做一次精神旅行

精神“旅行”可让人忘却世事，和自己的内心进行交流。这种运动由来已久，并且人人都能实行。

瑞德是超级市场的经理，他和他的太太以及两个小孩住在偏远的市郊。每天他搭公共汽车上班，他一上车，就闭上眼睛，进入内在的平静之中。当他到达目的地后，就带着一种从休息、凝想中得到的安然而开始他的工作。有时候，瑞德一天就进行几次这样的“旅行”，在他的活动特别紧张、繁忙时更是如此。他发现，这种活动使他精神愉快、工作富于效率。

这种方法曾帮助不少人改变了他们的生活。实际上，它不仅能帮助你摆脱萦绕于心中的思虑，而且能帮助你很快进入梦想，它也能教你如何接受、享受情绪，而不是和情绪做对。就如我的一个学生所说的：忧伤来了又去了，惟我内心的平静长在。

（2）学会如何减轻压力

金是一个特别多情的男子，有一个算不上漂亮但很有魅力的姑娘作自己的伴侣，夫妻俩卿卿我我，生活美满。

然而好景不长，在一次车祸中，金的妻子命归黄泉，腹中还带着他们爱情的结晶。

好日子从此离开了金，尽管他又有了一个漂亮可爱的尤物。每天，当他一回到家里，那位逝去的妻子就占据了他的整个身心。

第二个妻子终于离开了金。

我们大家都一样，“忘不了过去的好时光”，也忘不了过去的难堪与悲剧。但是，“人生是阶梯，不爬不要来”，我们为什么不常常想想自己过去的快乐和成大事呢？遗憾的是许多人一直生活在“我是不幸的”、“我是个倒运汉”、“我是个苦命人”的阴影中。他们像悲剧中的角色，浑身充满了悲剧情调，霉气冲天，给别人带来不祥之感。

（3）给自己一点奖励

琼是一个作家，靠给报纸写稿维持生计。他给自己订了一个规定，每周写两万字；达到这一目标，则去附近的一家中国餐馆大吃一顿；如超额完成，则去海滨过周末。幸运的琼，每个周末，不是在唐人街品尝中国菜，就是在海滩上晒日光浴。

自我报酬，有别于一般的自我陶醉。实行自我报酬需要你正确评估你自己的气质和目标的关系，并借此强化你希望强化的人格。如果你对自己的所作所为的判断，显示出你与你拥有的气质相匹配，那就意味着你告诉自己：“我的确做得很好”或“那是一个好主意”。你的内心会被这种内在的诠释所激励。你将感到满意，甚至得意。

（4）坚持你的独特个性

吉米为了不得罪别人，从不对别人的所作所为表示异议。他只买标准牌的产品，看过说明书后才去看电影。他对他的老板惟命是从，每当老板又说那些讲过好几十遍的笑话时，他还是哈哈大笑，装得很开心。渐渐地他变得毫无主见，不知如何来应付这个社会。

大众产品、大众宣传、大众消费主义、大众狂热使宝贵的个性消失得无影无踪。诚然，社会应追求同一，但如果这种同一意味着每个人都一模一样，那么，这个社会又会有什么趣味？

请记住，自己引导自己，不要让别人来主宰你。一个改变自己以求适应大众的人，最终会变得一无所有。

（5）不要得不偿失

伽瑞把他的大部分闲暇时间都用在北加州家里的花园里。花园、花园里的游泳池，使他有足够的地方运动，并供给新鲜的水果、蔬菜和一个恬美、安静的环境。但是为了升调到公司在曼哈顿的总部，只好放弃了这一切。现在，伽瑞做户外活动的时间愈来愈少，而且每天上下班搭车的时间也愈来愈多。他的生活变得非常乏味。

很多人就是这样，在面临选择时，常常迷失自己。本来，他应该在下一个十字路口向西走，但到了十字路口，却因见东边的马路上车水马龙，人头攒动，也跑过去凑热闹。其结果，他以持久不渝的快乐换取了暂时的满足。

（6）寻找一条新的出路

提夫是一家职业介绍所的法律顾问。他发现，他的主顾从来不考虑黑人申请者的申请。于是，他开始调查黑人在社会上的就业机会，这使他开设了一家专门为黑人服务的职业介绍所，取得了巨大成大事。

现在，许多人纷纷离开既定的圈了，去寻找新的职业，新的满足。一个医生最近离开了医院，当上了作家，他的动机并不是追求金钱；和大多数人一样，他只是厌倦了手术刀，想换换口味。

如果你具有丰富的想像力和冒险精神，或觉得在现在的岗位上力不从心，那么，你不妨换换环境。

（7）别把目光停在表面上

很多人，对自己现在的工作，总有很多的不满和抱怨，经常牢骚满腹，却不懂得如何利用机会好好充实、锻炼。采取消极的态度，不但对你的事业，而且对你的生活都有反面的影响。

春秋时代，在敬祭河神的时候，只要是白额的牛、高鼻子的猪、有痔疮的男人和丑陋的女人，都不会被巫师投到河里去祭神；因为，他们被认为是不祥的象征。

战国时代的支离疏，是个非常丑的男人，驼背、矮小鸡胸，五官又不正，但做些针线活或替人洗衣服，可以养活自己；外出替人算命，可以养活十个人。因为战乱，官府到处抓兵，支离疏却可以大大方方地在街上穿梭，没有人会抓他去当兵，也没人会让他去服劳役。而县府实行贫户救济时，他却被列为一级贫户。

所以，表面上的“运气好”、“运气不好”、“有利”、“不利”等，本身并无很大的意义。只有懂得超越表面价值的人，才拥有真正的大智大慧，才能把坏事变为好事，不被表面价值的陷阱所引诱。

(8) 引适时改变目标

也许，你想去非洲丛林打猎。假想，非洲丛林突然变成了汪洋大海，你怎么办？抑或，你会说：不可能。果真如此吗？1906 年 4 月 18 日，旧金山郊外的夏夫特农场上，一头牛昂然地站立着。突然间，天摇地动，那头牛不见了，除了地面上还露出一条约摸二英尺长的牛尾巴。

这个小故事，正是我们这个时代的写照。往往突然间事先毫无预兆，一股巨大的力量袭来，便改变了大地的形貌，吞噬了一头牛，也吞噬了一片森林。

59 让内心微笑

·成功的有效忠告·

把下巴缩进来，把头部高高昂起，我们就是明天的神仙。

能让自己的内心多一点微笑，是生活快乐的象征。请多给别人一点善良的微笑吧！这是一种好习惯，是成大事者的一种人格魅力！

先让我们来看一个故事。有一位老先生，他的生意做得非常好。其中一个很重要的原因是他善于微笑。有一次他谈到自己的成大事经验。

他说，在这个世界上我给别人一个什么表情，别人就回报我一个什么表情。我给对方一个怨恨的表情，对方就回报我一个怨恨的表情；我给对方一个善良的微笑，对方就回报我一个善良的微笑。

他继续说，我的经验就是，当你把一个微笑面对千百个人的时候，千百个人回报你的是千百个微笑，这样，你的人生就成大事了。

老人说得非常好。的确，微笑是上帝赐给人们的一种专利，是美丽生活中的一剂神秘配方，学会微笑，对一个人的生活会有许多益处。

首先，学会微笑对一个人至少有三个好处：

第一个好处，微笑自然而然地调整了人的身体。

脸一微笑，全身放松，我们全身都会微笑。

请用你的胸口、胃部微笑，当你胃疼的时候，你让胃部微笑一下，胃部放松，疼痛缓解。全身包括四肢都会微笑。微笑在生理上有放松、通畅的作用。

第二个好处，微笑在使生理放松的同时，还能使心理上得到放松。

人们求学时有学业压力，长大以后要做很多事业，所面临的压力必然更重。在这方面，卡耐基为我们树立了良好的榜样，他在短短的几年里，写了几十部书，共一千多万字，还拍了电视片，做文化宣传。应该说他做的事比较多，但他并没有感到特别的累，更没有生病，这得益于他的自我放松，用微笑的表情对待人生。

面带微笑的第三个好处，就是前面那位老先生讲的，一个人在日常生活中善于用微笑来对待周边世界和周边人物，他会得到更多的机会。

其次，一个人的微笑，比高贵的穿着更重要。笑容能照亮所有看到它的人，像穿过乌云的太阳，带给人们温暖。

曾有一个获得遗产的纽约妇人，她参加一次宴会时急于留给每一个人良好的印象。她浪费了好多金钱在黑貂皮大衣、钻石和珍珠上面。但是，她对自己的面孔，却没下什么功夫。她的表情尖酸、自私。她并不懂得每一个男人所看重的是：一个女人面孔的表情，比她身上所穿的衣服更重要。

再次，微笑是一种令人愉悦的表情。每当别人面对你的这种表情，他便会感到你的自信、友好，同时这种自信和友好也会感染他，使他油然而生出自信和友好来，从而使他对你亲切起来。

威廉·史坦是纽约证券股票场外市场的一员，他在给一位朋友的信中曾谈起了一些他的经历：

“我已经结婚十八年多了，”史坦在信上说，“在这段时间里，从我早上起来，到我要上班的时候，我很少对我太太微笑，或对她说上几句话。我是百老汇最闷闷不乐的人。

“既然你要我以微笑的经验发表一段谈话，我就决定试一个星期看看。因此，第二天早上梳头的时候，我就看着镜中我的满面愁容，对自己说，‘你今天要把脸上的愁容一扫而空。你要微笑起来。你现在就开始微笑。’当我坐下吃早餐的时候，我以‘早安，亲爱的’跟我太太打招呼，同时对她微笑。

“你会说，她可能大吃一惊。你低估了她的反应。她被搞糊涂了，她惊愕不已。我对她说，她从此以后可以把我这种态度看成惯常的事情。而我每天早晨这样做，已经有两个月了。

“这种做法改变了我的态度，在这两个月中，我们家所得到的幸福比去年一年还多。

“现在，我要去上班的时候，就会对大楼的电梯管理员微笑着，说一声‘早安’；我以微笑跟大楼门口的警卫打招呼；我对地下火车的出纳小姐微笑，当我跟她换零钱的时候；当我站在交易所时，我对那些以前从没见过我微笑的人微笑。

“我很快就发现，每一个人也对我报以微笑。我以一种愉悦的态度，来对待那些满肚子牢骚的人。我一面听着他们的牢骚，一面微笑着，于是问题就容易解决了。我发现微笑带给我更多的收入，每天都带来更多的钞票。

“我跟另一位经纪人合用一间办公室。他是个很讨人喜欢的年轻人，我告诉他最近我所学到的做人处世哲学，我很为所得到的结果而高兴。他接着承认说，当我最初跟他共用办公室的时候，他认为我是个非常闷闷不乐的人——直到最近，他才改变看法。他说当我微笑的时候，我充满慈祥。

“我也改掉了批评他人的习惯。我现在只赏识和赞美他人，而不蔑视他人。我已经停止谈论我所要的。我现在试着从别人的观点来看事物，而这真地改变着我的人生。我变成一个完全不同的人，一个更快乐的人，一个更富有的人，在友谊和幸福方面很富有——这些也才是真正重要的事物。”

请记住，写这封信的是一位老练的、足迹遍达世界各地的股票经济人。他的事实说明，只要你学会微笑，你就会受到别人的欢迎。

再次，微笑能帮助我们化干戈为玉帛。在这方面，《创富学》创始人拿破仑·希尔曾讲述过一段他自己的亲身经历：“有一天，我的车停在十字路口的红灯前，突然‘砰’的一声，原来是后面那辆车的驾驶员的脚滑开刹车器，他的车撞了我车后的保险杆。我从后视镜看到他下车，也跟着下车，准备痛骂他一顿。

“但是很幸运，我还来不及发作，他就走过来对我笑，并以最诚挚的语调对我说：‘朋友，我实在不是有意的。’他的笑容和真诚的说明把我融化了。我只有低声说：‘没关系，这种事经常发生。’转眼间，我的敌意变成了友善。”

但是要记住，我们需要的只是发自内心的真诚的微笑，不真诚的微笑骗不了任何人，相反，它只能使人感到讨厌。而发自内心的、真诚的、温暖的微笑，才能在生活中卖得好价钱。密歇根大学的心理学家詹姆士·麦克奈尔教授谈到他对笑的看法时说，有笑容的人在管理、教导、推销上较会有功效，更可以培养快乐的下一代。笑容比皱眉更能传达你的心意。这就是在教学上要以鼓励代替处罚的原因所在了。一个纽约大百货公司的人事经理告诉希尔，他宁愿雇用一名有可爱笑容而没有念完中学的女孩，也不愿雇用一个摆着扑克面孔的哲学博士。

总之，你的笑容就是你好意的信使，你的笑容能照亮所有看到它的人。对那些整天都皱眉头、愁容满面、视若无睹的人来说，你的笑容就像穿过乌云的太阳；尤其对那些受到上司、客户、老师、父母或子女的压力的人，一个笑容能帮助她们树立这样一种信心，那就是：一切都是有希望的，世界是有欢乐的。

最后，还是让我们记住艾勃·哈巴德的这段贤明的忠告吧！

“每回你出门的时候，把下巴缩进来，头抬得高高的，肺部充满空气；沐浴在阳光中；微笑着招呼你的朋友们，每一次握手都使出力量。不要担心被误解，不要浪费一分钟去想你的敌人。试着在心里肯定你所喜欢做的是什么；然后，在清楚的方向之下，你会径直地达到目标。心里想着你所喜欢做的伟大而美好的事情，然后，当岁月消逝的时候，你会发现自己掌握了实现你的希望所需要的机会。正如珊瑚虫从潮水中汲取所需要的物质一样。在心中想像着那个你希望成为的有办法的、诚恳的、有用的人，而你心中的思想，每一个小时都会把你转化为那个特殊的人……思想是至高无上的。保持一种正确的人生观——一种勇敢的、坦白的、愉快的态度。思想正确，就等于是创造。一切的事情，都来自于希望，而每一个诚恳的祈祷，都会实现出来。我们心里想什么，就会变成什么。把下巴缩进来，把头部高高昂起，我们就是明天的神仙。”